AF453915

DE L'ÉDUCATION MILITAIRE

INTRODUCTION GÉNÉRALE

A

L'ÉTUDE DES SCIENCES MILITAIRES

Paris. — Imp. J. DUMAINE, rue Christine, 2.

DE L'ÉDUCATION MILITAIRE

À

L'ÉTUDE DES SCIENCES MILITAIRES

DÉDIÉE

aux militaires, aux hommes d'État et aux instituteurs.

PAR

W. RUSTOW

Colonel dans l'armée fédérale suisse.

TRADUIT PAR GUSTAVE BAYVET.

⁂

PARIS

LIBRAIRIE MILITAIRE DE J. DUMAINE

LIBRAIRE - ÉDITEUR

Rue et Passage Dauphine, 30

1872

NOTE DU TRADUCTEUR.

———

Au moment où on agitait, il y a deux ans, la question d'armement national la brochure de M. G. Rustow m'avait présenté un vif intérêt. J'en avais préparé la traduction avec le concours de l'auteur et j'étais sur le point de la livrer à l'impression quand éclata la guerre de 1870. Les événements ôtaient tout intérêt à cette publication. Je la reprends aujourd'hui dans l'espoir qu'elle pourra fournir quelques idées utiles et pratiques pour aider à notre reconstitution. Mon incompétence en ces matières me fait un devoir de laisser à l'auteur l'entière responsabilité des opinions qu'il professe. Je ne saurais cependant dissimuler combien j'ai été séduit par les raisons si logiques que l'auteur présente à l'appui de son système. En lisant cet opuscule il ne faut pas oublier qu'il a été écrit en 1868.

G. BAYVET.

NOTICE SUR L'AUTEUR

(TIRÉE DE VAPEREAU).

Rustow (Guillaume), écrivain militaire allemand, né dans le Brandebourg, le 25 mai 1821, entra à l'âge de dix-sept ans au service militaire et se fit remarquer par de rares aptitudes. Officier du génie dès 1850, ces opinions indépendantes nuisirent à son avancement, et il s'attira même des poursuites par un écrit intitulé : *L'organisation militaire allemande avant et pendant la révolution* (Zurich, 1850). Il échappa à la condamnation prononcée contre lui par le tribunal de Posen en se réfugiant en Suisse. Il prit comme écrivain et comme professeur de science militaire une situation importante et après avoir reçu le droit de cité dans la petite ville de Bauma, près de Zurich, il fut nommé major dans l'état-major du génie. En 1860, il se joignit avec le titre de colonel et chef d'état-major général à l'expédition de Garibaldi en Sicile, passa avec lui en Italie et fit toute la guerre de Naples. Il rentra en Suisse et ne s'occupa plus que de ses travaux d'écrivain.

Voici la liste de ses principaux ouvrages :

Histoire de la guerre chez les Grecs (Aarau, 1852), avec M. Kœchly; *L'armée et les expéditions de César* (Gotha, 1855); *Commentaires sur l'histoire de Jules César de Napoléon III* (Stuttgart, 1867); *Traduction avec commentaires des écrivains militaires grecs*, avec M. Kœchly (Zurich, 1854-1855, 2 vol.). — Ouvrages didactiques: *Le commandement militaire au XIXᵉ siècle* (Zurich, 1857); *Histoire de l'infanterie* (Gotha, 1857-1858, 2 vol.); *Tactique générale* (Zurich, 1858); *La nouvelle guerre de siége* (Leipsick, 1860); *La petite guerre* (Zurich, 1862); *Dictionnaire de l'art militaire* (1859, 2 vol.). — Ouvrages historiques : *La guerre de 1805 en Allemagne et en Italie* (Fraunfeld, 1854); *Les premières campagnes de Bonaparte en Italie et en Allemagne* (Zurich, 1867); *La guerre contre la Russie* (*Ibid.*, 1855-1856, 2 vol.); *La guerre d'Italie de 1859* (*Ibid.*, 1859-1860); *L'insurrection de Hongrie en 1848 et 1849* (*Ibid.*, 1860, 2 vol.); *La guerre d'Italie en 1848 et 1849* (*Ibid.*, 1852); *Celle de 1860* (*Ibid.*, 1861); *La guerre du Danemarck en 1864* (*Ibid.*, 1864); *La guerre d'Allemagne de 1866* (*Ibid.*, 1866); enfin, *La guerre de France de 1870-1871* (Zurich, 1871), ouvrage qui a été remarqué pour son impartialité et la grande exactitude de ses renseignements. Tous ces ouvrages ont été publiés originairement en allemand.

On a les traductions françaises des volumes suivants :

La guerre de 1866 en Allemagne et en Italie, 1866.
L'art militaire au XIXe siècle, 1869, 2 vol.
La petite guerre, 1869, 1 vol.
Guerre des frontières du Rhin, 1870-1871, 2 vol.

PREMIÈRE PARTIE

—

De la guerre et de la paix en général.

———

1. Si haut que l'on remonte dans l'histoire du monde,
philosophes et poëtes, peuples et rois, guerriers et
hommes d'État, tous reconnaissent que la guerre est un
fléau, que la paix chez chaque peuple ou entre les peuples est le plus grand bienfait qu'on puisse demander
au ciel. Mais en même temps, si haut qu'on remonte
dans l'histoire du monde, on ne voit jamais de paix du-
rables. Elles sont sans cesse interrompues par la guerre.
Les hommes dont les noms nous parviennent des siècles les plus lointains n'ont jamais entrevu cette paix
perpétuelle que dans un monde idéal et mythique situé
bien loin en arrière ou bien loin devant eux ; les plus
vieux poëtes qui ont chanté ce futur bonheur des hommes entrevoyaient cet avenir dans un lointain nébuleux ;
il n'a pas encore fait son apparition jusqu'à ce jour.

Nous avons beau marcher en avant, le paradis, l'âge

de Saturne, n'est pas encore arrivé pour nous. Cependant, déclarer impossible que l'humanité atteigne jamais la paix éternelle, ce serait nier la perfectibilité de la race humaine.

Les efforts qui tendent à un but si élevé n'ont rien en soi de déraisonnable. Nous pouvons les admirer, nous pouvons admirer la confiance et le dévouement sublime de ces hommes ; ils travaillent à unir l'humanité et à éteindre sous leurs pieds les brandons de discorde qui divisent chaque nation et les nations entre elles; mais il n'y a qu'un pas du sublime au ridicule, et ces nobles efforts prêtent aisément à rire quand les moyens sont en disproportion trop grande avec le but. On risque l'assaut comme si une douzaine d'hommes pouvait en un jour terminer une besogne à laquelle l'humanité entière travaille en vain depuis des siècles.

2. Celui qui considère la paix comme un bienfait facile à obtenir dans un temps relativement court doit avant tout examiner quelles sont les causes et les occasions de la guerre d'après les leçons de l'histoire. Aussi d'ordinaire celui qui entrevoit la possibilité d'atteindre à la paix éternelle doit, s'il veut se conformer aux lois de l'humanité, rejeter tout d'abord la nécessité de la guerre, et reléguer parmi les frivolités le but de la guerre.

Si les espérances qui font naître la guerre ne sont que frivoles, il sera facile de les anéantir ; mais si nous reconnaissons qu'elles sont naturelles et nécessaires, fusse pour un temps limité, pour quelques siècles par exemple, pendant lesquels l'humanité doit se battre avec acharnement, nous n'en pouvons pas moins chercher à atteindre le but avec le même courage ; seulement il nous faut prendre patience et prévoir que nous apportons de faibles pierres isolées à un édifice que d'autres générations ont commencé à élever au-dessus

du sol et que d'autres générations plus lointaines encore verront se terminer.

3. Reconnaître avec humilité l'impuissance d'une ou
de toutes les générations est un sentiment très-rare chez
les hommes qui ont une action réelle dans une direction quelconque de l'activité humaine. Ils veulent man-
ger eux-mêmes les fruits de l'arbre qu'ils ont planté.
Pour ceux qui veulent préparer la demeure de la paix
perpétuelle ou tout au moins pour la plupart d'entre
eux, les causes de la guerre ne sont pas dans la nature
humaine. Ils cherchent les motifs et les causes de la
guerre dans des individualités, des institutions particulières qu'il faut évidemment détruire. Ils se placent au
centre du monde, et avec leur imagination créent ces
ennemis de la paix qu'ils ont à combattre pour donner
carrière à la paix perpétuelle. D'où vient donc que des
mots guerriers grondent même au milieu des paroles
de paix perpétuelle ?

4. Il n'est pas rare d'entendre attribuer exclusivement
la guerre aux systèmes de gouvernement et aux institutions actuellement en vigueur. Si, nous dit-on, les
constitutions répondaient réellement au bien des peuples, il n'y aurait plus de guerres civiles, plus de guerres
internationales. Si la question dynastique était suppri-
mée par la suppression des dynasties, les guerres in-
testines et les guerres de peuple à peuple disparaîtraient.
La république serait alors la forme constitutionnelle
qui bannirait la souveraineté de la guerre.

Cependant la république suisse a eu la guerre du
Sonderbund, et la grande république des Etats-Unis
une guerre civile qui a duré cinq ans. Les républiques
de l'Amérique du Sud ont poursuivi jusqu'à ce jour
leurs luttes d'Etat à Etat. Comment cela se fait-il ? La
théorie qui trouve la cause inévitable de la guerre dans
certaines formes de gouvernement n'est pas juste.

Peut-on nier que les peuples ont certains instincts, que l'humanité a certains besoins naturels d'où jaillissent les guerres. Nous avons souvent rêvé à ce que pourrait être l'histoire du monde privé de guerres. Voilà un sujet qu'un congrès de la paix pourrait mettre au concours.

S'il est impossible d'admettre que la guerre soit bannie à jamais par l'adoption de certaines formes de gouvernement, on doit cependant reconnaître que suivant le mode des constitutions régnantes et des principes politiques reconnus, les guerres doivent dans un temps donné devenir plus fréquentes ou plus rares. L'État dans lequel la souveraineté du peuple est reconnue en principe et en fait ne sera pas pour cela toujours épargné par la guerre. Mais il faut admettre que cet État, loin de se lancer dans la guerre par goût, l'évitera autant que possible, puisque ce même peuple qui règne par ses parlements ou par ses représentants responsables aura à supporter toutes les souffrances, toutes les charges de la guerre ; elles ne sont pas légères, même au milieu des plus grands succès ?

Pour croire à ces heureux résultats il faut que la souveraineté du peuple soit une vérité, une réalité. Quand pourra-t-elle le devenir ? Quand l'instruction sera générale, quand le travail sera devenu le principe politique reconnu. Nous sommes encore bien loin de ce but. L'atteindra-t-on sans guerres ?

5. Beaucoup d'amis de la paix perpétuelle ont réclamé l'institution d'un tribunal arbitral universel ou plutôt, avec une réserve qui fait une brèche notable au principe, un tribunal arbitral *européen*. Les partisans de la légitimité veulent pour le tribunal un certain nombre de princes ; les partisans de la souveraineté populaire, des délégués librement choisis par les peuples.

Peu importe la composition de ce tribunal. Pourra-t-il empêcher la guerre résolue ?

Dans une lettre au congrès de la paix de Genève en 1867, Madame Fanny Lewald (1) a spirituellement comparé la guerre à une rixe dans la rue.

Acceptons la comparaison sans contrôler sa parfaite exactitude.

Qu'arrive-t-il quand deux hommes se battent dans la rue? Aussitôt se rassemble autour d'eux une troupe de gamins, et ce spirituel chœur les insulte et les excite. Cela n'a guère l'air d'un congrès de la paix. Puis arrivent des sergents de ville qui saisissent les combattants et les mènent au violon. Nous ne croyons pas que dans l'Europe policée personne ait rien à objecter contre cette intervention de la police.

Parlons maintenant d'un procès civil! avec lui nous ferons peut-être un pas de plus. Il ne s'agit que de quelques centaines de francs. **A** est condamné à payer la somme à **B**, cependant il ne paie pas. B obtient du tribunal l'autorisation d'exécuter le jugement et l'huissier pénètre chez A. A le jette dehors, se barricade chez lui en montrant à la fenêtre ces instruments que dans la vie usuelle on nomme fusils ou pistolets.

L'autorité judiciaire requiert alors la force armée, agents de police, gendarmes, etc. Le réfractaire A est contraint de se soumettre à la sentence du tribunal. Cet emploi de la force ne doit pas exciter le mécontentement du peuple, à moins que l'arrêt du tribunal ne paraisse erroné ou injuste.

---

(1) Mme Fanny Lewald, née à Kœnigsberg, en 1811, dans la religion juive. Elle se fit chrétienne à 17 ans. Auteur de diverses nouvelles qui parurent sans nom d'auteur dans l'Europe et l'Urania de 1834 à 1845. Après la mort de son père survenue en 1845 elle signa une série de romans écrits avec un esprit très-libéral, un style plein de grâce et surtout une faculté d'analyse qui la rapproche des romanciers français.

On peut citer : *Tableaux d'Italie, le Prince Louis-Ferdinand, Souvenirs de 1848, Impressions de voyages en Angleterre et en Écosse,* etc. (Extrait de Vapereau.)

Dans les deux cas précédents, une armée n'était pas nécessaire. Deux sergents de ville suffisaient pour mettre le holà.

Puisque nous n'avons pas dédaigné de comparer la guerre avec une rixe ou un procès civil et de considérer les conséquences possibles de semblables événements, nous sommes suffisamment préparés pour entrer dans les tribunes de la salle où se tient le suprême tribunal amphictyonique de l'Europe.

Il s'agit d'une discussion pendante entre les deux États les plus civilisés, A et B. Après examen du litige on décide à une certaine majorité que B a tort et qu'il doit se soumettre aux désirs de A.

Le tribunal suprême a-t-il rendu une sentence équitable ou inique? Nous suspendons là-dessus notre appréciation. La sentence peut avoir été inique; car le tribunal suprême se compose d'hommes, et une de leurs facultés indiscutable est d'être sujets à l'erreur. Une chose nous intéresse bien plus que l'équité et l'injustice de la sentence, c'est la nouvelle qui nous arrive bientôt. L'État B qui a une population de 20 millions d'habitants pense que le tribunal suprême a rendu un jugement inique. Peuple et gouvernement sont là-dessus unanimes. La plus vive excitation règne dans cet État; tous s'arment et jurent par tous les saints de soutenir de leur argent et de leur sang le gouvernement dans sa résistance aux ordres du tribunal suprême.

Pendant ce temps, la haute cour a envoyé au gouvernement de B deux commissaires, hommes d'une probité illustre, pour exécuter la sentence rendue, ou pour surveiller et contrôler son exécution. Sitôt leur arrivée dans la capitale, le gouvernement de B, avec tous les égards dus à leur rang, et sous la conduite de deux agents de la haute police les place dans un train spécial qui les reconduit à la frontière. On leur a prodi-

gué toutes les assurances de respect, le salut des dra-
peaux, le roulement des tambours, les sonneries des
trompettes et les acclamations du peuple.

Les malheureux commissaires, délivrés de leurs
compagnons de route, courent en toute hâte au siége
du tribunal amphictyonique et y rendent compte de
leur mission. Les résultats n'en sont pas brillants.

Que va-t-il arriver maintenant? La force! la force!
la force! Nous n'entendons que ce seul et unique cri.
Nous sommes arrivés exactement au même résultat
que lors de la rixe à laquelle il a fallu mettre fin, ou
dans le cas du débiteur récalcitrant qu'il a fallu réduire
à la raison.

Mais deux hommes de la police ne suffisent plus
pour exécuter un jugement contre une nation de vingt
millions d'habitants. Il faut mander pour cela une
armée de police, et aussitôt la guerre d'éclater.

Dans ces circonstances difficiles, quelques-uns des
juges qui sont membres d'une société en faveur de la
paix perpétuelle, pensent que le tribunal amphictyonique n'ayant pas eu cette fois, *par exception*, d'effet utile,
on doit laisser la force des armes trancher la querelle
entre les deux partis et abandonner à eux-mêmes les
États A et B. En ce cas le tribunal suprême joue encore
le rôle d'un tribunal d'honneur neutre. Mais, le niera-
t-on? Les plus conséquents doivent réclamer que le
tribunal prenne lui-même la direction et l'exécution
par la force.

A l'aide de quels moyens?

Le tribunal amphictyonique peut réclamer les forces
de tous les États de l'association, c'est-à-dire de l'Europe entière, contre l'État B récalcitrant. Tous les États
de l'union obéiront-ils? Cela nous paraît douteux. La
sentence contre B a été rendue à une faible majorité.
Maintenant qu'elle se trouve en face d'une réalité dou-

loureuse, la majorité elle-même ne serait-elle pas ébranlée ?

Nous n'avons pas besoin d'exemples pour donner plus de force à notre doute. Ces exemples, ces preuves courent les rues. Dans les temps modernes il nous suffit de recommander l'étude de la Sainte-Alliance, de la Confédération allemande, de l'Union américaine.

La situation paraîtrait foncièrement meilleure si le tribunal suprême avait pour l'exécution une armée dépendant de lui seul. Les considérations qui précèdent indiquent que cette armée doit être fournie par tous les États de l'association, partant qu'elle doit être une armée permanente. Où en arrivons-nous par là? Chacun peut s'imaginer les conséquences souverainement dangereuses de cette situation, en admettant même, qu'à côté de l'armée fédérale chaque État doive entretenir une armée permanente ou que cet entretien soit défendu à chaque État en particulier.

6. Les grands monarques ont tous cherché à établir la paix perpétuelle en fondant une monarchie universelle. Alexandre le Grand, César, Charlemagne, Henri IV, Napoléon Ier, ont poursuivi cette idée de diverses façons. C'est pourquoi Napoléon III a prétendu confisquer cette idée de paix perpétuelle sous prétexte d'idée napoléonienne. Sa réalisation n'aurait d'autre résultat que de tuer la vie propre des peuples. Alors tout serait fini. La paix des tombeaux serait vraiment la paix perpétuelle. En lisant l'ouvrage de l'abbé de Saint-Pierre sur la paix perpétuelle, Leibnitz se souvint de l'inscription qu'il avait trouvé sur la porte d'un cimetière : *Pax perpetua.*

S'il faut pour prix de la paix perpétuelle que les peuples soient plongés dans le repos des cimetières et des tombeaux, qui en veut à de telles conditions? N'est-ce pas lutter contre la nature? Les fleurs ne vivent-elles pas aussi sur les tombeaux? Et si l'humanité acceptant la paix des tombeaux consentait à payer de ce prix la paix perpétuelle, l'obtiendrait-elle pour cela? Ne faut-il pas tout au moins de nombreuses guerres pour en arriver là? Napoléon Ier voulait la paix perpétuelle et n'y put arriver parce qu'il dut auparavant soutenir une foule de guerres pour convaincre les peuples des bienfaits de la paix qu'il voulait leur donner. Il ne persuada personne. Quelques-unes des guerres nécessaires tournèrent mal pour lui, et pendant sa vie il n'eut pas une seconde de tranquillité, même sur son rocher de Sainte-Hélène.

7. Elihu Burrit (1), le loyal forgeron, tout en frappant l'enclume de sa main droite, de la gauche distribuait au peuple des feuilles de palmier et des branches d'olivier qui ne fondaient pas la paix perpétuelle mais qui devaient la propager. Pour en montrer aux peuples la nécessité il se servait surtout de l'intimidation. Il comptait les bras et les jambes coupés; il supputait tous les frais de la guerre. Enfin, jouant ses derniers atouts, il soutenait que jamais une guerre n'avait atteint le but pour lequel on l'avait entreprise.

---

(1) Elihu Buritt, philanthrope américain, surnommé l'apôtre de la paix, né en 1811, à Berlin, petite ville du Massachussett. Il exerça la plus grande partie de sa vie le métier de forgeron, consacrant tous ses loisirs à de sérieuses études, il se familiarisa avec tous les classiques anglais, étudia les mathématiques et la linguistique avec un soin particulier. Il apprit l'hébreu et les autres langues sémitiques, syriaque, chaldéen, arabe, etc.; le grec, le latin, le slave et une partie des patois parlés en Europe. En dernier lieu, il étudia les littératures indiennes et chinoises. Sa réputation se répandit vite, les journaux le proposaient pour modèle aux ouvriers. Il se mit alors à voyager, prêchant de ville en ville la concorde et la fraternité. Dans les divers congrès de la Société des amis de la paix à Bruxelles, à Londres, à Paris, à Francfort, il développa la doctrine de la réalisation par la paix de la fraternité universelle. Une de ses dernières publications, *Feuilles d'Olivier*, 1853, a été traduite en plusieurs langues et imprimées à des millions d'exemplaires. (Extrait de Vapereau.)

Quand bien même on pourrait concéder ce dernier point pour chaque guerre en particulier, on ne souscrirait pas pour cela à la conclusion déterminante : que la guerre en général n'a jamais été pour l'humanité un élément de développement.

Certainement non ! c'est ici que le penseur sérieux et pas trop superficiel se souvient des vœux du sage proverbe : L'homme propose, Dieu dispose.

Ce qu'un homme ne veut pas, tous l'obtiennent souvent. Ce qu'un seul voulait, il ne peut pas l'atteindre, et par ses efforts, cependant, il aide à tous les autres qui obtiennent quelque peu de ce qu'ils souhaitaient.

8. Le loyal Elihu Burrit recommandait dans ses pacifiques feuilles, une éducation particulière de la jeunesse comme un des plus puissants moyens de détruire entièrement la guerre.

Il a donné pour cela, par écrit, des notes complètes.

Il ne faut pas faire cadeau aux enfants de fusils, de sabres, de flèches, de canons, de tambours ni de trompettes. Il ne faut jamais les laisser jouer aux brigands ni aux soldats. Il faut éloigner d'eux tous les livres qui célèbrent les guerres et leurs aventures ou qui même se bornent à en parler. Si l'on veut suivre ces conseils, il est déjà difficile de trouver un jeu que puissent jouer plusieurs enfants réunis, car tous les jeux reposent sur la lutte de deux idées, de deux volontés. Mais on tombe dans un bien plus grand embarras quand on veut régler, d'après ces maximes, l'éducation de la jeunesse.

Il faut expurger et remanier tous les livres d'histoire.

Médée devient une maîtresse charcutière qui apprend à Jason comment on fait les saucisses. On ne doit les remplir que de choucroute.

Un incendie vient d'éclater à Troie, les pompiers d'Argos y courent avec tous les corps de pompiers de la Grèce ; ils pénètrent dans les rues d'Ilion à l'aide d'une locomobile inventée par le chef des pompiers, Ulysse.

Les Spartiates, aux Thermopyles, et les Athéniens, à Marathon, célèbrent avec les Perses qu'on a invités, les premiers tirs fédéraux. Le principal but de ces tirs est de montrer que, dans la fraternité générale des peuples, l'art du tir est inutile. Alexandre le Grand, avec une nombreuse suite, fait un voyage de noce en Asie, et les Romains se rendent en grand nombre en Afrique pour chercher les montagnes de la Lune à l'instigation du docteur Petermann de Gotha.

C'est ainsi qu'il faudrait modifier l'histoire pour suivre les instructions d'Elihu Burrit. A l'aide de sa théorie sur les rixes, madame Fanny Lewald eût aisément imaginé d'autres variantes.

9. Tout honnête homme de bon sens reconnaîtra que l'éducation, au dedans comme au dehors de l'école, est un moment capital dans le développement de l'homme. Car, si ce qu'on appelle la philosophie est l'apanage de peu d'individus, dans les siècles prochains les masses posséderont la science et la foi.

Mais, à côté de sa puissante et sainte influence, il ne faut pas oublier que l'éducation ne travaille jamais sur une surface nette, qu'elle doit compter avec la nature humaine. Supposons qu'il y ait chez l'homme une disposition innée, la lutte : n'est-ce pas d'ailleurs sur ce principe que repose l'opposition primordiale de ce dieu et de ce diable, souverains de l'humanité?

L'éducation pourra-t-elle chasser radicalement cette disposition? Doit-on seulement espérer qu'elle la modifiera et la dirigera? La dernière hypothèse est seule probable.

Enfin, que pourra signifier une éducation reposant sur le mensonge, dissimulant ou travestissant tout un côté de l'histoire.

10. Les armées permanentes sont aussi accusées par les amis de la paix d'être des causes de guerre, des obstacles de paix. Cette accusation est juste si on la réduit à sa plus simple expression : leur existence n'est motivée que par la possibilité de la guerre et, en conséquence, ces armées doivent de temps en temps la désirer et la chercher pour justifier leur existence, elles deviennent ainsi une des causes de la guerre.

11. Mais veut-on soutenir que les armées permanentes étant supprimées il n'y aurait plus de guerre, aussitôt on dépasse le but et l'on se met en hostilité avec l'histoire ancienne ou moderne.

Sans prétendre avoir épuisé la matière nous pouvons cependant soutenir que nous n'avons oublié aucune des causes principales de guerre signalées par les amis de la paix et dignes d'être combattues.

Jetons sur elles un regard en arrière, nous en dégagerons, avec une certitude absolue, les trois propositions suivantes :

1° Il faut travailler, non pas dans une, mais de très-nombreuses directions, très-diverses pour que l'humanité puisse atteindre à la paix universelle, sous la réserve que la paix perpétuelle ne sera pas identique avec celle des tombeaux.

2° Les différents projets pour édifier la paix perpétuelle supposent l'existence préalable de conditions dont la réalisation immédiate ou dans un temps relativement court n'est possible que par la guerre.

3° En outre, ces projets exigent ou supposent possible le développement égal et parallèle de toutes les fractions de l'humanité. Il est absolument interdit au bon sens d'admettre la possibilité d'un semblable développement dans l'avenir. Il suffit, pour s'en convaincre, de jeter un regard sur l'inégalité du développement des peuples qui se présentent à côté l'un de l'autre sur la scène et qui prétendent à une égale considération. Que signifient donc ces qualités privilégiées qui prétendent être ménagées, aujourd'hui, sous nos yeux, sur le sol très-étroit de la Prusse récemment agrandie ou de l'union allemande du Nord.

12. Nous ne nions pas la perfectibilité de l'homme. Nous ne nions pas la possibilité de la paix perpétuelle. Nous ne nions pas qu'on puisse retourner à l'âge de Saturne. Mais nous sommes modestes, c'est pour cela que nous renonçons à chercher, au moyen d'une phrase ou d'un coup d'épée, ce bien suprême dont nous sommes privés depuis si longtemps malgré l'effort des siècles.

En augmentant chaque jour le commerce du monde travaille à la paix perpétuelle; mais il ne peut la donner de suite, car il est le produit du travail incessant, du développement des masses qu'on n'a jamais mesuré et qu'on ne saurait mesurer. Individu, association ou État, en un mot, quiconque contribue au progrès du monde et veut travailler à l'établir, sème la paix perpétuelle et, dans l'état actuel des choses, l'âge d'or doit limiter provisoirement le problème.

On trouve aisément ces limites provisoires. Au lieu de chasser d'un coup la guerre, les amis de la paix doivent songer à rendre chaque jour plus rares les guerres civiles et internationales en éloignant, autant que possible, leurs causes et leurs séductions.

Aujourd'hui l'idée d'un développement égal et simultané de tous les peuples, de toutes les fractions de l'humanité est irréalisable. Aussi faut-il demander que, pour entrer dans cette voie, pour arriver à la paix perpétuelle de l'humanité entière, chaque nation puisse provisoirement travailler à son profit personnel; qu'elle puisse, en ce qui la touche, éloigner et limiter les causes et les séductions de la guerre sans pour cela devenir incapable de défendre les biens acquis, de poursuivre heureusement une lutte à laquelle elle peut se trouver contrainte par suite de l'inégal progrès de l'humanité sur le chemin de la perfectibilité future.

Ce serait un progrès sublime qui exposerait les plus avancés à être la proie des peuples restés en arrière.

Dans l'état actuel de la civilisation et pour rester à la même hauteur, le peuple le plus avancé doit être en même temps le plus amoureux de la paix et le plus capable de la guerre.

13. *Le problème* qui, défini de la sorte, est proposé à chaque peuple ne peut pas être résolu par des efforts dans une seule direction. Il faut travailler dans tous les ordres d'idées, dans toutes les directions de l'activité humaine.

Mais il est permis à la science de choisir dans l'ensemble une seule branche de l'activité humaine pour l'examiner ; elle doit se borner à cet examen et en faire connaître le résultat.

Fort de cet aveu général, il nous est permis de donner aux questions militaires une attention d'autant plus grande qu'il s'agit ici de la guerre indissolublement liée à la paix jusqu'à ce jour.

14. Le problème proposé aux travaux militaires de chaque peuple, en vue de la grande question qui nous occupe, doit donc être la création d'un système de défense remplissant les conditions suivantes :

1° Il ne doit être ni hostile ni nuisible à la liberté de l'individu ou des peuples ; c'est la base du développement de l'humanité ;

2° Il ne doit être en opposition ni avec le progrès du bien-être national, ni avec les jouissances communes et légitimes de chaque citoyen ;

3° Il ne doit pas contenir en lui-même des causes de guerre, mais il ne doit pas non plus affaiblir les forces vives du pays ; loin de là, leur développement rend possible et garantit dans la limite des prévisions humaines l'issue heureuse et honorable d'une guerre nécessaire.

Le système des armées actuelles ne répond pas à la question ainsi posée. Ses défenseurs en conviendront, car toutes leurs objections reposent sur ceci : le système actuel des armées est un mal nécessaire. Un mal, oui ; mais nécessaire !

La discussion ne peut s'élever que sur sa nécessité.

Une opinion s'est répandue et a gagné chaque jour du terrain dans les dernières années ; elle a même acquis pour ainsi dire la force d'une certitude. Elle soutient qu'on peut remplacer le système actuel des cadres et des réserves par un système de milices, sans mettre en péril la force militaire des États dans le cas d'une guerre nécessaire. Elle prétend qu'on se conformerait ainsi aux aspirations exposées tout à l'heure.

15. La notion d'un système de milices est loin d'être précise ; elle est même passablement élastique. Cependant, dans le fait, tout le monde comprend les choses à peu près de la même façon, et, pour ma part, je me suis suffisamment expliqué ailleurs sur le mode de milices que je comprends. Je ne vois pas un système réel de milices dans une organisation militaire qui, réduisant presque à rien le service et les charges personnelles, ne peut donner rien de bon ni rien de solide.

J'ai démontré qu'un système de milices, pour être viable, doit reposer sur l'éducation militaire de la jeunesse, que cette éducation doit suivre la même marche que l'éducation civile, qu'elle doit être traitée de même et s'y unir étroitement.

Supposons un État auquel chaque citoyen soit lié par un attachement actif. Cet État peut être contraint à la guerre, car il s'agit parfois de défendre ou de reconquérir les conditions vitales sur lesquelles reposent tous les travaux de la paix. En ce cas le bon sens exige que chaque citoyen soit élevé en vue du progrès par les travaux de la paix, et en vue de la défense par la guerre des bases mêmes de ce progrès. Cette éducation doit être également militaire sans être égale pour tous, semblable en cela à l'éducation civile qui, jusqu'à présent, n'est uniforme pour tous les citoyens dans aucun État civilisé.

J'attache à l'éducation la même importance que Elihu Burrit en ce qui regarde la guerre, mais dans un tout autre sens. En examinant le sens qne j'y attache, il pourrait bien venir à l'idée de me prendre pour un homéopathe militaire, qui écrit sur ses recettes : *similia similibus curantur*.

Le mot peut être joli, mais il ne serait pas exact ; d'ailleurs, de ce qui a été dit plus haut une chose ressort que des éclaircissements ultérieurs viendront corroborer, à savoir : que dans ma conviction un État qui donne à tous ses citoyens une éducation civile et militaire préparatoire et complète est en état de porter au maximum ses forces militaires utilisables ; qu'on le provoquera difficilement ; que, même provoqué, il pourra considérer les choses avec calme plus longtemps qu'un autre ; qu'enfin, si la guerre devient inévitable, tous les membres de la nation, même ceux qui ne font pas partie de l'armée, peuvent contribuer avec intelligence et discernement à l'heureuse issue de la lutte ; ce ne sont plus des instruments inertes et indifférents.

16. Dans les pages qui vont suivre, nous allons, des divers points de vue indiqués plus haut, rechercher en quoi l'école, l'éducation en général peuvent servir de préparation à ia guerre, comment elles peuvent entrer utilement dans le système militaire du pays.

Pour cela, il nous faut dans nos développements ultérieurs, considérer les choses à trois points de vue.

Les sciences. — Tout ce qui regarde l'intelligence et l'entendement.

Les penchants. — Éducation du caractère.

Le corps. — Éducation corporelle.

D'après ce que nous avons dit, il est clair que, si nous réclamons pour la science le droit d'éclairer un seul objet en le séparant du tout auquel il appartient et même d'éclairer cet objet d'un seul côté, nous n'avons pas la prétention de supprimer ou de briser les rapports naturels des choses ou de concourir à une œuvre aussi déraisonnable. Pour rester logiques nous serons même forcés à mesure que nous avancerons de porter plus loin nos regards et de considérer l'état dans son ensemble.

Partant des données actuelles nous acceptons la séparation de l'école militaire et de l'école civile telle qu'elle existe aujourd'hui; mais, en examinant la situation présente, nous serons forcés de reconnaître que dans l'école civile l'instruction militaire suit l'éducation civile d'une façon naturelle; elle prend seulement un autre développement. De même, dans l'école militaire, l'éducation militaire dépend en tout de l'instruction civile générale et la présuppose.

En pénétrant plus avant dans notre sujet, ces relations nous apparaîtront plus clairement et nous apprendront à les utiliser réellement, pratiquement dans l'intérêt général. Enfin, nous reconnaîtrons que l'école est la préparation à la vie pratique pour l'individu comme pour l'État et nous verrons que si elle est convenablement organisée elle pourra conduire à de nouvelles institutions militaires répondant aux divers buts que nous avons développés, car elle aura préparé pour cela le terrain.

DEUXIÈME PARTIE.

Développement des matières comprises dans la science de la guerre, conformément à la notion de la guerre.

I. — Introduction générale.

1. La *science de la guerre* est composée de l'ensemble de toutes les connaissances qui ont rapport à la guerre. Cette définition détermine le champ de cette science. Son contenu résulte de ses divisions et de ses branches. Nous appellerons *sciences militaires* celles qui composent *la science de la guerre*. Dès l'antiquité on s'est occupé de la division de la science de la guerre, et on n'a pas cessé de s'en occuper jusqu'à ce jour, sans que tous ces efforts aient conduit à une solution qui satisfasse les moindres exigences.

2. Cet insuccès tient à diverses causes. Les uns ont voulu restreindre la science de la guerre, lui imposer des limites trop étroites, bien plus étroites que sa nature ne le comporte; on a essayé de la séparer de la vie de tous les jours et on est ainsi arrivé à un résultat aussi bizarre que celui obtenu par la conception d'une

théologie en dehors de la vie réelle. D'autres ont voulu combiner une classification complétement rationnelle de la science de la guerre avec la fixation d'un certain ordre, d'après lequel les parties distinctes doivent être enseignées dans une école spéciale.

Cette fixation a certainement une grande importance pratique. Cependant, pour y arriver utilement, il faut chercher à établir la division rationnelle sans avoir égard à son application spéciale. Cela fait, il sera temps de revenir avec circonspection sur la division rationnelle et de se demander, entre autres choses, quelle partie de la science de la guerre il faut enseigner dans telle ou telle école et dans quel ordre il faut procéder.

3. Quand une chose a été altérée par l'histoire et qu'on veut la rétablir, on est dans le même cas que le chirurgien cherchant à redresser une jambe qui a longtemps grandi de travers. Il faut prendre son temps, ne rien brusquer, avancer doucement et avec attention, tenter divers chemins. C'est ce que nous allons faire ici, et sans nous inquiéter de savoir où le premier chemin nous conduit, suivons-le tranquillement en cherchant tout d'abord à découvrir le pays de tous côtés, aussi loin que possible.

4. Une classification rationnelle de la science de la guerre ne peut reposer que sur deux choses. Sur cette idée, que la guerre est un acte humain et sur la définition spéciale de la guerre.

La guerre, c'est la lutte mesurée et méthodique de deux partis qui, à l'aide de leurs forces militaires organisées, poursuivent un but politique.

D'après cette définition et suivant tous les caractères généraux de la guerre en tant qu'action humaine, il faut :

1° Que la guerre ait un but ;

2° Que les moyens soient suffisants pour atteindre ce but;

3° Que ces moyens soient utilisés dans les conditions d'espace et de temps que réclament toutes les actions humaines ;

4° Qu'on trouve moyen de combiner le but, les moyens et les conditions souveraines de manière à atteindre le but préalablement défini.

La science de la guerre et les sciences militaires se divisent, d'après cela, en quatre groupes d'enseignements que nous établissons ainsi :

1° But de la guerre ;

2° Moyens de faire la guerre ;

3° Questions d'espace et de temps qui se rapportent à la guerre ;

4° Mise en œuvre des moyens dont on dispose dans l'espace et le temps, en vue d'arriver au but de la guerre.

Examinons maintenant chaque partie,

II. — Politique de la guerre.

5. Dans la définition générale nous indiquons deux partis politiques comme sujets de la guerre. On ne peut donner une définition plus étroite, car elle ne comprendrait pas la guerre civile. Cela bien établi, nous pouvons dans nos études ultérieures remplacer : partis politiques par États, d'autant que dans toute guerre civile, chaque parti essaye de se constituer aussi promptement que possible en état particulier. Si un des deux partis est un État fédératif ou une confédération, il faut qu'il s'unisse plus ou moins étroitement en vue de la

guerre, de sorte, qu'à certains égards, il se rapproche complétement de l'unité.

Deux États, disons-nous, se mettent en opposition l'un à l'autre, à titre de partis poursuivant un but politique. L'antagonisme de ces États indique que, loin de concorder, leurs visées se contredisent et se combattent.

Que peuvent être ces buts contradictoires qui poussent à la guerre et la font éclater?

La notion de l'État nous l'indique.

6. On ne peut pas s'imaginer un État sans trois éléments :

1º Un territoire formé d'une partie de la surface terrestre ;

2º Un peuple qui vit sur ce territoire;

3º Un travail commun à tout ce peuple, une mission suivant l'expression moderne. La communauté de ce travail se révèle le plus clairement dans le gouvernement. En raison même de la concentration des tendances du peuple entier le gouvernement agit sur ces tendances et leur communique sa direction, comme il l'a reçue de tout le monde.

La mission d'un État peut être naturelle, donnée par la situation du monde et en rapport avec elle. Elle peut aussi être artificielle. Cela est absolument égal si on considère l'explosion de la guerre.

Les éléments constitutifs de l'État, tels que nous les avons indiqués, développent la série suivante des causes de guerre :

1º L'État n'est pas satisfait de son territoire et il veut s'étendre parce que la population s'est accrue démesurément ou encore parce que, vu l'extension de l'industrie et du commerce, la nature du territoire ne suffit plus au travail de la population. Il lui faudra émettre des essaims colonisateurs pour créer des établissements; il lui faudra réclamer son extension jusqu'à la mer s'il est entouré de tous côtés par des États voisins. C'est le moyen d'assurer la liberté de ses relations commerciales et de les développer convenablement ;

2° La population qui est sur ce territoire ne lui suffit pas à cause de son petit nombre ou de ses mœurs. L'émigration nécessaire se transforme alors en immigration indispensable.

Aujourd'hui, il nous semble étrange qu'on puisse produire cette immigration par la force. Il faut cependant nous rappeler que certains peuples, figurant actuellement au rang des plus civilisés, ont pratiqué dans des temps historiques peu éloignés des guerres pour enlever des esclaves ou des femmes ;

3° Ces situations établissent un manque d'harmonie entre la population et le territoire. Mais il est d'autres causes encore qui peuvent empêcher un État de remplir sa mission. Il est trop faible dans son ensemble pour pouvoir protéger le travail nécessaire de la paix. Il voit à ses côtés d'autres États de même nationalité qui souffrent de la même faiblesse. Ces autres États ont peut-être le même sentiment de faiblesse, le même besoin de forces, et on en arrive à une réunion pacifique. Peut-être aussi ces visées sont-elles trop inégalement partagées, et l'État qui éprouve le plus vivement le besoin d'accroître ses forces entame la guerre. Il peut arriver que les gouvernements existants, les partis au pouvoir, la constitution et les lois d'un pays ne correspondent plus au besoin de la population, la gênent dans ses travaux habituels et nécessaires ; hors d'état d'emporter pacifiquement ce qu'il croit nécessaire à son existence, le peuple prend les armes et commence une guerre civile.

Cette série peut-être augmentée par l'introduction de plusieurs éléments combinés. Telle qu'elle est, elle montre que par ce fait, indépendamment des formes particulières et des conditions particulières de chaque État, il y a d'autres motifs qui peuvent conduire à la guerre et la rendent légitime ;

4° Si, dans les cas précédents, la guerre naît de besoins positifs qu'affirme une nation, les autres nations sont conduites à faire la guerre parce qu'elles ne reconnaissent pas la légitimité de ces besoins positifs, parce qu'elles ne veulent pas y souscrire. Elles sont obligées de se défendre et contraintes par cela même à la guerre.

7. Politiquement, le parti qui affirme des besoins et un but formels, décide une guerre offensive. Celui qui les lui dénie et entre en ligne pour se défendre entreprend une guerre défensive.

8. La guerre en elle-même passe pour un mal; on a toujours porté sur elle le même jugement, depuis que les poëtes et les historiens se sont occupés d'elle, et ce jugement est juste si on considère les voies et moyens qu'elle doit employer et mettre en œuvre. On a répété souvent, que la guerre n'atteint jamais son but et ne saurait jamais l'atteindre. Cette question mériterait d'être discutée à fond. Si cette opinion était vraie, le mal de la guerre serait sans contredit bien plus grand encore.

Quoi qu'il en soit, la guerre reste un mal qu'il faut éviter si longtemps qu'elle ne devient pas indispensable dans certains cas déterminés.

Tout État qui a la guerre en vue cherchera à satisfaire cette exigence du bon sens; tout au moins se donnera-t-il l'apparence de chercher une issue pacifique. Alors arrivent nécessairement des tentatives de négociation sur l'objet du litige. Ce sont les préludes de la guerre.

Dans ces négociations les deux partis devraient avoir sérieusement pour but de chercher à éviter la guerre.

Pour atteindre ce but, une entente devient nécessaire

et cette entente ne peut être réalisée, ne peut exister que si le demandeur fait des concessions sur ses demandes et si le défendeur renonce à maintenir dans leur intégralité primitive les refus qu'il opposait aux demandes de son adversaire.

Si les partis se mettent en rapport pour négocier directement, ils sont nécessairement représentés par un petit nombre de personnages ; on risque alors de les voir s'irriter de plus en plus l'un contre l'autre par des propositions et des contre-propositions.

L'intervention d'un médiateur, d'un arbitre, d'un juge de paix, dans le vrai sens du mot, devient très-désirable. Comme dans ce cas, deux *États* sont en querelle, un *État* peut seul accepter la fonction d'arbitre.

Si les deux partis hostiles tombent d'accord sur le choix de l'arbitre, on peut grandement espérer que la guerre sera évitée. Mais il est très-possible que cet accord n'ait pas lieu. Chaque parti choisit alors un arbitre, et les deux arbitres se mettent d'accord pour en désigner un troisième.

Allons plus loin. Si une fédération unit un grand nombre d'États, que l'union soit plus ou moins réelle ou imaginaire, à la place des deux États en querelle, tous les États se réunissent pour former une conférence ou rendre un jugement, qu'il soit ou non exécutable.

9. A cette classe appartiennent les conférences ou les congrès européens qui diffèrent simplement par leurs formalités. Dans ces congrès ou ces conférences, chacun des partis en querelle cherche à influencer dans son intérêt le jugement ou la sentence, et à obtenir pour lui-même le plus possible. Mais chaque parti doit être bien persuadé que ces négociations peuvent ne pas conduire à la paix, que, malgré elles, la guerre peut éclater. Dans cette prévision chacun d'eux doit, dès le commencement des négociations, travailler à se ga-

gner des alliés actifs ou à retenir dans la neutralité des États dont l'hostilité peut lui être dangereuse.

Pendant les négociations ces derniers points de vue peuvent aisément devenir capitaux pour un parti qui n'a pas l'intention d'éviter la guerre, qui, loin de là, la désire ; mais, bien entendu, seulement dans les circonstances les plus favorables.

Ce parti, dès le commencement des négociations, doit réfléchir au double but à atteindre : comment diviser plusieurs ennemis qui pourraient éventuellement l'attaquer ; comment gagner des alliés, les enlever à son adversaire, et se garer d'une intervention hostile qui pourrait le mettre en péril au moment décisif.

Dans les temps modernes il est très-important, pour tout État menacé de guerre, d'avoir l'opinion publique de son côté. La méprise-t-on au commencement, cette opinion publique, dans le cours des événements, ne manque jamais d'agir fortement sur les gouvernements. Un État peut se la gagner à coup sûr par une politique claire et naturelle, par le bon ordre de ses finances, par le soin des intérêts matériels, à l'aide de journaux recevant le mot d'ordre du gouvernement et contenant une polémique incessante, mais pas trop brutale, enfin, au moyen de ses succès militaires, qui agissent fortement sur le jugement de tous, quoique pas toujours dans le sens de la justice.

10. Si les négociations ne mènent à aucun résultat, les hostilités n'éclatent pas pour cela immédiatement. Le plus souvent on entre dans une période de transition. Puis commencent les préparatifs ostensibles ; ceux qui ne sont pas déclarés et qu'on désavoue énergiquement au besoin, ont de beaucoup précédé. Les préparatifs ostensibles sont les démonstrations, les menaces. L'adversaire, jusqu'à ce moment, n'a pas pris la chose au

sérieux ou a toujours espéré se donner des chances plus favorables qu'il n'a pu le faire.

Peut-être ces actes lui donneront-ils à réfléchir et l'amèneront-ils à céder à la dernière heure.

Ces démonstrations nous rapprochent toujours de la guerre, si bien qu'on peut appliquer à ceux qui les emploient ce mot prononcé par lord Clarendon dans un moment solennel, peu de temps avant la guerre de Crimée : « *Ils hâtent la guerre* ». A ces démonstrations appartiennent les mobilisations, les concentrations de troupes, le retrait de l'ambassadeur, les passeports donnés à l'ambassadeur ennemi, le rappel des nationaux soumis au service militaire, enfin, tous les obstacles mis aux transactions commerciales avec le pays ennemi, la défense d'exporter des chevaux et, en général, des fournitures militaires, l'embargo, etc.

Après la période de ces démonstrations, l'État commence la véritable dénonciation de la guerre, soit par une déclaration de guerre formelle faite à l'adversaire, soit sous la forme de notes diplomatiques aux autres puissances, soit enfin à l'aide d'un manifeste à la nation et à l'opinion publique.

11. La guerre éclate. L'action, jusqu'à ce moment politique ou diplomatique, ne peut visiblement plus faire un pas sans être constamment accompagnée de considérations militaires, particulièrement de celles qui touchent aux moyens et aux ressources de toute nature. Maintenant, l'action politique cesse-t-elle avec l'explosion de la guerre ?

Quand la politique a amené la guerre dans les conditions les plus favorables et que les hostilités vont éclater, quand elle a précisé son but, la force doit-elle être seule chargée d'atteindre le but en question ? Cette opinion n'aurait rien d'invraisemblable.

Admettons un instant cette opinion : nous nous trouverons en présence de cet axiôme : « la politique doit rester attentive dans les coulisses pour guetter le moment où la guerre a atteint son but, pour recueillir le résultat obtenu avec toutes ses conséquences et le rendre de toutes façons définitif. »

Cela revient tout simplement à dire que, pendant la guerre, la politique active doit être à tout moment prête à entrer en scène. Elle peut mal entendre la réplique, se méprendre sur l'importance des résultats militaires obtenus, elle peut se montrer trop tôt, mais on accordera qu'elle doit être, à chaque minute, prête à rentrer en scène.

En considérant les choses de plus près nous pouvons, nous devons aller plus loin. Chaque acte de la tragédie militaire donne un résultat militaire partiel. On peut incontestablement en tirer un parti quelconque politiquement ou diplomatiquement, et, s'il est désavantageux, la diplomatie peut être employée pour en détourner ou en amoindrir toutes les conséquences fâcheuses.

La politique ne nous semble plus simplement chargée de préparer et d'amener la guerre, elle l'accompagne constamment.

Supposez que la politique n'accompagne pas les armées sur le théâtre même de la lutte, elle aura néanmoins, pendant la guerre, cette importante mission militaire d'empêcher les interventions nuisibles des tiers et de provoquer les interventions utiles.

12. Elle doit même se transporter dans les camps. Si acharnés que soient les deux partis ou les deux peuples l'un contre l'autre, il subsiste encore entre eux un lien, celui qui lie les hommes les uns aux autres, en tant qu'ils font partie de l'humanité. Le droit des gens subsiste et il faut faire des conventions qui lui assurent le respect des deux partis, de général à général, de soldat à sol-

dat. Il suit de là qu'il faut confier des pleins pouvoirs politiques aux chefs militaires, avec certaines gradations naturelles. Cela est d'autant plus nécessaire que souvent les résultats militaires doivent être instantanément utilisés au point de vue politique. S'il arrive, par exemple, que les suites d'une défaite subie doivent être instantanément parées par la politique, il faut que la parade ne soit pas absolument impossible. La politique se montre à nos yeux la constante et active compagne de la guerre, et nous voyons que cette condition est fondamentale si l'on veut conduire utilement la guerre.

13. On approche enfin du but. Le moment arrive où la paix doit être conclue, même à des conditions désavantageuses, peut-être à de bonnes conditions. On fait un armistice, sous la protection duquel on négociera la conclusion de la paix.

L'armistice est lui-même une paix préliminaire, ou bien les préliminaires sont conclus peu de temps après la signature de l'armistice convenu dans ce but, si l'on se met d'accord. La paix préliminaire est suivie de négociations ultérieures, et tout se termine par une paix définitive et infaillible si le vainqueur a su stipuler des conditions bien calculées dans les préliminaires ; on formule tous les arrangements, qui trop souvent deviennent le germe d'une nouvelle lutte.

14. En examinant le but de la guerre, nous sommes amenés à considérer une série nouvelle qui embrasse l'ensemble des rapports de la politique avec la guerre.

Nous tenons une branche principale de *la science de guerre*, que nous appellerons *la politique de la guerre*. Elle se subdivise elle-même ainsi :

A. — Motifs et buts de la guerre.

B. — Négociations qui traitent du litige entre deux États ou deux partis politiques et qui peuvent les conduire à la guerre. Les alliances sont comprises dans ce chapitre.

C. — Passage de la paix à la guerre.

D. — De la politique en tant que fidèle accolyte de la guerre; emploi et utilisation du droit des gens dans la guerre.

E. — Conclusion de la paix.

La politique de la guerre est une portion de la science de la guerre. Jusqu'à ce jour, quelques-unes de ses parties seulement ont été traitées sans ordre par les jurisconsultes dans le champ des sciences politiques.

Indépendamment même de leurs idées juridiques étroites, ils ont complétement perdu la faculté d'embrasser les rapports internationaux d'un point de vue élevé. La confection des lois est un métier qui repose, à leurs yeux, sur le terrain du droit privé. Jamais, depuis Machiavel, la politique de la guerre n'a eu la parole, en tant que partie de l'art de la guerre; elle ne s'est jamais exprimée dans des termes qui répondent aux progrès actuels. C'est une des plus funestes conséquences du dualisme moderne créé entre la vie militaire et la vie civile, et cette erreur a tristement influé à son tour sur la conduite même des guerres et sur leurs résultats politiques.

La politique de la guerre fait partie intégrante de l'art de la guerre aussi bien que de la science appelée jusqu'ici politique, dans un sens plus étroit. Elle est toujours restée en arrière, sur le seuil de la guerre, au lieu d'agir utilement.

Dans ses études scientifiques, la politique de la guerre unit si nécessairement la paix et la guerre, qu'il ne peut guère subsister de doutes sur leur pénétration réciproque dans la vie, si l'on veut sérieusement que la guerre conduise à des paix utiles et que la paix ne se transforme pas en guerre par des causes frivoles.

III. — Des moyens.

15. Pour prendre la résolution de faire la guerre, pour passer à l'exécution matérielle et à la réalisation des projets de guerre, certains moyens intellectuels et matériels sont nécessaires; les deux partis hostiles en ont également besoin.

Il faut d'abord admettre que chaque État emploie les seules ressources renfermées en lui. Ces ressources fournies par chaque État sont : les hommes, les produits animés ou inanimés de son sol, les produits de son travail. Tels sont, pour les deux partis, les éléments des forces destinées à soutenir la lutte.

16. Les hommes sont un élément absolument indispensable pour faire la guerre, indépendamment de tout autre, car la pensée politique d'une guerre ne peut être exécutée que par des forces intelligentes, et elles sont uniquement représentées par l'homme.

17. On voit, sans plus d'explications, que celui des deux partis qui a formulé des prétentions positives, c'est-à-dire, conformément à nos précédentes définitions, l'agresseur, doit chercher à briser l'énergie de son adversaire pour le convaincre de son impuissance à résister. Quant à ses ressources matérielles, elles ne peuvent pas, vu leur nature, être notablement différentes de celles qui sont à la disposition de l'ennemi.

18. L'agresseur doit donc accroître la quantité des ressources employées à la guerre, dans une proportion suffisante pour dépasser celles de son adversaire; de là pour l'adversaire la nécessité d'amasser des ressources aussi grandes que possible, ou même supérieures. Pour les deux partis existe simultanément la tâche d'affaiblir les ressources de l'ennemi, si possible déjà avant la

guerre, en tout cas pendant la guerre même. Il faut, en même temps, que chaque parti soit attentif à conserver ses propres ressources sur le meilleur pied possible.

L'usage consomme toutes les ressources, tous les outils. Quand on doit faire usage des forces militaires, il est impossible de les maintenir sur le pied où elles se trouvaient au moment d'être utilisées.

En ce qui concerne les forces d'un pays, les considérations relatives à leur conservation prennent une importance variable, par rapport à la destruction de celles de l'ennemi. Cette importance se réduit plus ou moins pour celui qui est le plus riche en ressources et se sent par conséquent le plus fort.

Quand un État veut organiser ses forces avec ses seules ressources, il se limite. Un État ne peut pas, à coup sûr, employer à organiser ses forces plus de ressources qu'il n'en a. Cela n'empêche pas que de deux États absolument égaux en forces, l'un ne puisse, par son adresse, rendre disponibles et utilisables plus de forces militaires que l'autre.

19. Si un État veut rassembler plus de forces militaires que ses moyens ne le permettent, il est obligé d'emprunter les ressources étrangères. Par la guerre, il peut s'approprier une plus ou moins grande quantité des ressources de son adversaire. Avant la guerre même, il peut s'assurer des ressources étrangères par des alliances, des fédérations, en prenant ce mot dans le sens le plus étendu. Pour se procurer ces ressources étrangères, un État peut contracter alliance avec un ou plusieurs autres États; mais ce moyen n'est pas toujours nécessaire. Si, par exemple, possédant tout le reste, il ne manque que d'argent comptant, il fait alliance avec un banquier et négocie avec lui un emprunt. Il fait alliance au sein du pays ennemi avec un parti de mécontents qui promet seulement d'agir en

divisant et en affaiblissant les forces de l'adversaire. Il y a des alliances avec la presse qui rendent de très-grands services. Si un État fait alliance avec un autre État, il n'est pas toujours nécessaire que ce dernier mette toutes ses forces à la disposition du premier. L'État secouru peut aussi ne recevoir de secours que d'une seule nature. On se rappelle aisément des traités de subsides. S'ils sont devenus graduellement plus rares, nous en avons cependant encore vu dans les derniers temps. Parfois un État a des côtes, mais il n'a pas de flotte, et il a besoin d'être aidé par la flotte d'un autre État. Il se charge lui-même de tout le reste. Dans chaque alliance, il faut naturellement que les profits et les services se balancent et se compensent.

20. Les alliances forment un chapitre de la politique de la guerre.

L'union de toutes choses dans la guerre, celle de la paix et de la guerre entre elles nous apparaissent plus clairement encore. La science politique, nous le posons provisoirement, ne peut pas subsister et reste sans valeur si elle ne s'occupe pas des ressources en cas de guerre.

Souvenons-nous expressément qu'on n'a pas eu ici pour but de développer la science *in extenso*; on a simplement cherché à établir ses divisions et subdivisions.

21. L'agresseur pour atteindre son but déclaré doit évidemment envoyer sur le territoire ennemi des troupes considérables qui entreprennent la tâche d'affaiblir l'adversaire par le meurtre, l'incendie, le pillage. On peut sans peine remplacer ces expressions grossières par des termes plus délicats : « gagner et perdre des batailles, punir d'infâmes insurgés qui ne respectent ni le trône, ni l'autel, ni les hommes, ni Dieu ; faire des réquisitions, imposer des contributions. » Dans les choses naturelles, il ne faut pas trop s'effrayer des ex-

pressions grossières; en campagne, lorsque l'être humain vaut encore quelque chose, l'homme de guerre doit d'autant moins chercher les termes délicats qu'en temps de paix même ils n'ont pas toujours une signification bien pacifique. Voyez plutôt : spéculation, concurrence, formation du capital individuel ou général par le travail et l'épargne, impôts qui par leur élévation témoignent du bien-être national, trafic commercial, sages précautions pour empêcher l'excès de population, et toutes les autres belles expressions de même nature. Un beau jour, au milieu d'elles tombe un impudent maraud, comme Proudhon, avec sa phrase : « La propriété, c'est le vol. »

22. Les procédés dont l'agresseur ne peut pas se dispenser, qu'il doit nécessairement adopter, s'il veut atteindre son but, nous mènent droit à l'idée de l'armée. Nécessairement l'armée de l'agresseur ne peut être qu'une fraction de la population du pays. L'émigration complète hors de son propre territoire était déjà une aventure précaire dans les temps moins civilisés. Bien des pages de l'histoire nous le disent. D'après la constitution des Etats modernes, cette émigration serait inadmissible, car elle signifierait simplement un épouvantable affaiblissement par cela seul qu'il faudrait abandonner complétement l'utilisation du sol longtemps possédé.

23. Les hommes sont l'aliment principal pour la formation d'une armée. On ne pourrait mettre utilement en activité une armée de machines qu'avec des hommes, avec une armée d'hommes à leur service.

L'armée est donc formée d'hommes. Tout le surplus n'est qu'un adjutorium, un équipement qui les met à même d'accomplir leur tâche spéciale.

24. Ici se présente cette question : d'après quelles règles fondamentales doit-on lever l'armée? De là

découle deux autres questions qui se présentent d'elles-mêmes. L'Etat doit-il lever cette armée parmi ses propres citoyens ou bien peut-il utiliser comme ressources la population des autres nations et dans quelle proportion ?

En désignant sous le nom de soldats les individus qui forment l'armée et leur ensemble sous le nom de troupes, nous sommes conduits à l'étude de la façon dont il faut lever les troupes. Ici la science politique, le droit politique se lient étroitement à la science militaire.

Les principales questions qui se présentent sont les suivantes : quelle est la situation légale de chaque citoyen dans l'Etat et envers l'Etat? Dans l'intérêt de la formation des armées, le citoyen doit-il être *astreint* au service en temps de guerre ou plus généralement au service militaire? Faut-il au contraire repousser ce système et abandonner la formation de l'armée au hasard des enrôlements volontaires? Dans le cas où l'on reconnaîtrait la nécessité d'imposer aux citoyens le service militaire, quels sont les citoyens qui peuvent et doivent lui être soumis conformément aux raisons naturelles et utiles suivant l'âge et le sexe? Quelles sont les limites d'espace et de temps dans lesquelles cette obligation sera renfermée? Le service doit-il être limité ou illimité pour ceux qui y sont astreints? D'après quelles règles le limitera-t-on?

25. Ces recherches nous amènent aux questions philosophiques les plus profondes si nous ne croyons pas superflu d'aborder chaque sujet avec impartialité et liberté d'esprit. L'étude du service militaire, conformément aux lois politiques qui règlent la composition de l'armée, est plus que tout autre sujet propre à démontrer l'absurdité de ce qu'on veut bien appeler l'émancipation des femmes.

Ces recherches nous amènent aussi à distinguer immédiatement les divers systèmes militaires. Nous serons alors obligés de ne plus considérer la formation des troupes comme une organisation qui doit se faire à chaque guerre et en vue d'elle seule. C'est la conséquence, le résultat d'une institution politique qui agit continuellement.

Arrivés à cette institution, nous voyons notre point de vue s'étendre.

Si l'agresseur ne peut généralement atteindre son but qu'en envahissant le territoire ennemi avec une armée, il en est tout autrement de celui qui est attaqué. Il a, lui aussi, besoin d'une armée, d'un rassemblement de forces ; avec des forces disséminées même à nombre égal, comment pourrait-il rencontrer utilement les forces de l'agresseur massées en bien plus grand nombre ? Mais celui qui est attaqué peut de plus utiliser, sur la partie du territoire envahie par l'ennemi et dans des proportions variables, les forces qui sont répandues dans tout le pays. L'attaqué peut par conséquent faire usage de troupes locales. On voit de suite une différence dans les conditions du service militaire ; on comprend la nécessité de distinguer l'armée et les troupes locales au moins pour la défense. De quelle importance cette distinction peut-elle être pour l'Etat agresseur ? Dans quelles proportions l'agresseur peut-il aussi faire usage de troupes locales ? C'est une question subsidiaire qui semble tout à fait connexe.

26. Quand les troupes sont rassemblées, il faut qu'elles soient organisées de façon à être utilisées. Pour trouver les conditions d'une organisation appropriée, on peut partir de points très-divers. Tout chemin conduit à Rome.

Une nécessité saute tout d'abord aux yeux, celle de munir ces troupes d'instruments qui leur donnent le moyen de nuire à l'ennemi. On les appelle en général les armes, et plus exactement les armes offensives.

Dans un traité sur l'organisation des troupes, si l'on suppose la connaissance des armes en général, on cherchera de quelle façon on peut répartir convenablement ces armes aux troupes.

27. La connaissance spéciale des armes forme une science propre, qui d'un côté est une science militaire auxiliaire et de l'autre une branche de la mécanique. Nous lui donnerons le nom de science des armes. Elle doit avant tout décrire les armes actuellement en usage et expliquer les principes de leur emploi. Les armes actuellement en usage sont plus ou moins dues au hasard. L'historien le plus hardi aurait peine à induire *à priori* que dès le XIVe ou le XVe siècle, la poudre est devenue le principal moyen balistique pour les armes à longue portée. Cet exemple nous démontre clairement combien il importe que la connaissance des institutions militaires soit constamment accompagnée par l'histoire. La science des armes a un domaine restreint et bien défini; on peut évidemment la diviser en plusieurs sections. On peut traiter séparément les armes à feu portatives, l'artillerie et les armes blanches; on peut diviser celles qui servent à terre et celles qui servent à bord des navires, celles qui sont mobiles et celles de position. En traitant des armes à longue portée, cette science doit examiner les projectiles, la force d'expansion et les munitions dans toutes leurs parties; sans cet examen, les principes de la construction des armes ne seraient plus intelligibles. Comment les armes doivent-elles être acquises, entretenues, déplacées, transportées avec tous leurs accessoires? Comment doivent-elles être convenablement employées? Toutes ces questions se présentent d'elles-mêmes.

A la science des armes se joignent comme sciences

auxiliaires ou comme branches du même arbre, la balistique pour les armes à longue portée, l'escrime pour
toutes les armes blanches, la connaissance du cheval
non-seulement comme moyen de transport des hommes, des armes et des munitions, mais parce qu'il peut
devenir lui-même une sorte d'arme ; la théorie du
transport par chariots et par bateaux, la théorie de l'é-
quitation et de la conduite des voitures.

Si les armes offensives sont les moyens les plus effi-
caces de causer des dommages à l'ennemi, les armes
défensives servent de protection contre les attaques.

Si nous nous renfermions dans l'acception la plus
étroite, nous ne comprendrions sous cette dénomination
que des armes mobiles, mais nous aurons encore à distinguer les armes défensives propres à un soldat isolé
et celles qui conviennent pour protéger un détache-
ment, et nous arrivons ainsi à jeter un coup d'œil sur
les flottes et sur leurs forteresses flottantes, les bâtiments de guerre. Mais les fortifications elles-mêmes ne
sont pas autre chose que des armes défensives pour les
masses. Bien que nous devions retrouver plus loin l'art
des fortifications et que nous puissions lui donner une
place plus convenable, il est indispensable d'indiquer
en chaque occasion les relations naturelles des sciences
militaires entre elles.

28. Nous voici arrivés à la principale cause de la division de l'armée ou des troupes. A terre, cette division est
désignée sous le nom des différentes armes ; elle existe
également sur la flotte.

Nous sommes involontairement amenés à examiner
l'action commune d'un certain nombre de soldats ar-
més de la même façon, ou de troupes d'armes différentes, l'assemblage le meilleur des diverses parties, la
division la plus convenable d'un tout donné en vue de
cette action d'ensemble. Cela nous conduit à l'art de

former les divisions de la troupe en particulier et à l'art de la tactique en général.

29. Les armes offensives, les engins destructeurs ne composent pas tout l'équipement des soldats. Comme nous l'avons vu tout à l'heure, la conception des armes offensives chez les uns éveille chez les autres celle des armes défensives. On peut étendre bien plus qu'on ne l'a fait jusqu'ici cette conception des armes défensives. Le soldat n'a pas besoin d'être protégé simplement contre l'action des individus ennemis, il est homme et subit avec tous ses semblables les besoins de la nature humaine. Nous ne pouvons pas considérer le soldat comme un simple agent actif destiné à accomplir un travail déterminé, nous devons le considérer aussi comme un être doué de besoins, qu'il faut nourrir, entretenir et soigner humainement.

30. Le soldat a besoin d'être protégé contre les intempéries, soit par ses vêtements, soit par des abris convenables sous lesquels il peut prendre ce repos indispensable qui doit toujours couper l'activité humaine, si l'on ne veut pas que les forces se consomment entièrement avec une effroyable rapidité. Il faut ensuite nourrir le soldat, et son alimentation se trouve dans des conditions partiellement différentes de celles des hommes sédentaires. Les troupes sont exposées aux maladies et aux souffrances corporelles dans une proportion bien supérieure à la moyenne. Les soins pour entretenir leur santé et pour guérir leurs maladies et leurs blessures exigent un service de santé spécial qui a ses règles propres. La nature même des nécessités judiciaires, par sa nature spéciale, exige l'organisation d'une justice militaire et le soin indispensable des besoins religieux réclame tout au moins, dans une forme spéciale, l'établissement d'un service religieux spécial. Les soins que réclament les divers besoins du soldat, soit purement humains, soit plus spécialement militaires, nécessitent des organes particuliers qu'on peut appeler *administratifs*. En ces matières on ne peut pas abandonner le soldat à lui-même ; il ne pourrait pas se suffire. Les organes administratifs des troupes peuvent être, soit quelques individus, soit un corps entier. Le champ réservé à l'action de chacun de ces organes, dans un but déterminé, exige certaines aptitudes et connaissances spéciales. Aussi, en organisant l'enseignement de l'administration militaire, on peut diviser celle-ci en plusieurs branches, l'alimentation des troupes, le service sanitaire, etc.

31. Les besoins administratifs des troupes nous conduisent nécessairement à la division des troupes. Car il est évident que, si un organe est constitué pour un service spécial, il doit en même temps agir pour une quantité de soldats déterminée, simplement parce que l'activité de chaque homme a des limites.

Si l'on divise l'armée en corps, nous donnerons à chacun de ces corps les organes pour l'ensemble des services administratifs.

Lorsqu'on a égard au but que se propose une armée on voit que la nécessité de sa division repose sur d'autres exigences ; par exemple, mettre en mouvement les masses suivant un plan convenablement arrêté, dans le temps et l'espace voulus. Il ressort de là que le commandement avec toutes ses actions et ses nuances est la condition fondamentale du bon emploi d'une armée.

La division des troupes a toujours un double but, satisfaire leurs besoins et les employer utilement à atteindre le but proposé. Il est aussi difficile d'imaginer une armée divisée dans le seul but de satisfaire ses besoins, que dans le seul but de nuire efficacement à l'ennemi. Ces deux considérations doivent se confondre.

Quand on considère l'emploi utile de l'armée, sa division repose sur la tactique que nous avons déjà rencontrée en parlant de la théorie des armes. Mais la tactique est simplement l'enseignement des dispositions qu'il convient de donner aux différents corps en vue de leurs divers travaux, combats, marches ou campements.

32. D'après ce qui précède la théorie des moyens peut recevoir les grandes divisions suivantes :

1° L'organisation qui traite, en réalité, de la division des troupes et de la détermination des organes de chaque corps par rapport au but poursuivi et à la satisfaction des besoins ;

2° L'administration des troupes prise dans son sens le plus large. Elle étudie la création du matériel mort ou vivant, l'entretien de ce matériel organisé, les moyens de le tenir prêt à être employé ; elle recherche de quelle façon toutes les ressources peuvent être rendues disponibles pour le gouvernement.

33. L'étude des moyens repose sur toutes les sciences et les appelle toutes à son aide. La théologie, la médecine, la politique dans son acception la plus large, en tant que droit naturel, droit des gens, droit politique, économie politique, statistique et jurisprudence, les mathématiques, indispensables dans les questions d'espace et de temps, les sciences naturelles dans toute leur étendue, l'histoire naturelle des trois règnes, zoologie, botanique, minéralogie, car la guerre emprunte aux trois règnes ses moyens secondaires, la physique et la chimie, parce que le matériel de guerre inanimé ne peut pas être établi convenablement si l'on n'observe pas leurs lois, toutes les sciences en un mot sont requises.

D'un autre côté, dans l'étude des moyens, deux sciences se séparent des autres comme spécialement militaires ; elles se bornent à emprunter les résultats des autres.

Ce sont : la tactique et la science des armes, à laquelle on peut ajouter comme corollaire l'équipement.

34. L'examen des moyens nous a révélé, comme enseignements militaires qu'il faut traiter à part :

A. — L'organisation.

B. — L'administration.

C. — La science des armes.

D. — La tactique.

35. Tous ces enseignements doivent se reproduire dans la législation d'un État bien réglé, et cette législation, pour arriver à l'exécution et se compléter, demande des ordonnances et des règlements qui doivent émaner de l'exécutif.

La législation et les règlements doivent établir clairement l'organisation militaire de l'État, surtout en vue des devoirs et des droits de chaque citoyen. Ils spécifient comment, en cas de guerre, la portion de forces nécessaires sera mise à la disposition immédiate du gouvernement ; ils règlent toute l'organisation militaire et spécialement les exercices de la portion des citoyens qui doit être plus particulièrement préparée au service militaire.

La législation ne peut reposer utilement et sûrement que sur la science ; cette base perdrait elle-même toute valeur si elle ne servait pas à élever une législation acceptant comme règle à suivre toutes les conclusions de la science.

36. Pour faire le plan de la guerre et même pour prendre la résolution qui doit décider la guerre, l'État, qui a la guerre en vue, a besoin de comparer ses ressources à celles de l'ennemi. Il faut qu'il songe à emprunter à l'étranger de quoi augmenter ses propres ressources, si elles ne sont pas suffisantes ou si elles ne

conviennent pas au but cherché. C'est ainsi que l'examen des ressources nous ramène à la politique de guerre. Ces deux enseignements se complètent l'un par l'autre. Aucun des deux ne se tient debout à lui seul, l'ensemble repose sur les deux à la fois.

IV. — DE L'ESPACE ET DU TEMPS.

37. Comme tous les actes humains, la guerre s'accomplit dans le temps et l'espace. Leurs rapports, plus intimes avec la guerre, exigent un examen particulier.

Quittons les espaces infinis, insaisissables pour l'homme, car il ne peut en avoir que la conception négative, limitons-nous aux espaces que nous embrassons à l'aide des instruments. Nous les trouvons peuplés de mondes dont nous observons, avec tant d'intérêt, la position présente et les mouvements. Parmi eux nous apparaît la terre que nous habitons. Elle ne semble qu'un point. Le besoin de déterminer sa position et ses mouvements a créé une science, l'astronomie, qui réunit l'espace et le temps dans la sphère céleste.

Retirons-nous maintenant sur la terre. Ne la considérons plus comme un point, mais comme l'immense édifice dont nous habitons les vastes espaces.

38. La science de la géographie doit nous apprendre à connaître la terre avec tous ses caractères, mais avant tout sa superficie et toutes les substances qui gisent dans son sein, pas trop profondément, à notre portée; elle distingue les parties solides et liquides, les parties creuses et saillantes; elle indique les différences de chaleur et d'humidité.

La géologie et la géographie avec leurs diverses subdivisions, la cristallographie, la minéralogie, l'oryctognosie deviennent des auxiliaires et des rameaux de la géographie.

39. Il nous est permis de considérer la surface de la terre plus particulièrement au point de vue militaire. Sa configuration doit exciter notre intérêt à cause de l'influence particulière qu'elle a eue sur les événements militaires, sur la naissance et la conduite des guerres. Nous avons ainsi la géographie militaire. Cette science ne peut réellement nous donner que des indications géographiques générales. Elle nous détermine simplement à extraire quelques-unes de ces indications en vue de la guerre. Comme ces indications doivent être relevées au point de vue militaire, on ne peut en avoir une intelligence bien nette qu'après avoir étudié les lois de la conduite de la guerre.

40. Du reste la géographie, même traitée au point de vue exclusivement militaire, embrasse toute la surface de la terre. Aussi donne-t-elle d'un territoire restreint une idée superficielle qui peut ne pas suffire au but proposé.

Cela nous ouvre la voie des reconnaissances militaires spéciales portant sur un espace de territoire limité et assez restreint. Nous trouvons ici :

1° L'étude du terrain ; l'art des reconnaissances et des levées ;

2° L'art de représenter sur le papier une portion de la superficie de la terre, le dessin des cartes et des plans. L'intelligence de ces cartes et de ces plans tient au dessin, comme la lecture à l'écriture, car on dit lire les cartes. Il faut joindre ici l'art de décrire le terrain oralement ou par écrit, soit parce que le dessin peut paraître insuffisant par certains côtés, soit dans le but d'instruire ceux qui n'ont pas encore appris à lire les cartes.

41. Si nous étudions une portion du territoire au point de vue militaire nous trouvons que certaines circonstances sont pour nous d'un intérêt capital.

Les obstacles à une vue étendue et par suite aux reconnaissances ;

Les obstacles à l'action des armes ;

Les obstacles à la transmission des nouvelles et aux mouvements des troupes ;

Les obstacles à l'entretien, à la nourriture des troupes, à leur protection contre les intempéries.

Nous devons étudier ces obstacles à un double point de vue, d'abord en ce qu'ils nous concernent, ensuite en ce qu'ils intéressent notre adversaire. Ce qui est pour nous un obstacle peut être un avantage pour l'ennemi et *vice versâ*.

·Il faut faire la distinction de la terre et de l'eau quand on examine une contrée au point de vue militaire.

Nous ne pénétrons pas ici dans les sciences spécialement militaires ; mais, pour cette raison même, nous devons le rappeler à l'occasion de cette distinction, car la brièveté dont nous nous sommes fait une loi ne nous permet pas de l'établir plus complétement. Pour donner un exemple de la question à examiner en pareil cas, nous ferons remarquer qu'une eau d'une certaine profondeur est un obstacle sérieux pour des troupes de terre, tandis que les mouvements de la flotte sur mer exigent une certaine profondeur d'eau.

42. Si on examine militairement une contrée, il ne faut pas négliger ses cultures. Cela saute aux yeux et à l'esprit de l'observateur. Ces cultures ne sont que l'utilisation du sol dans un but humain et généralement pacifique. Cet examen nous conduira à un nouvel ordre de considérations militaires.

Si l'homme utilise le sol de la contrée à la satisfaction de ses besoins, le soldat ne peut-il pas l'utiliser également à la satisfaction de ses besoins militaires et spéciaux ?

4

On peut répondre affirmativement à cette question. Le soldat peut utiliser partiellement le terrain pour se procurer les avantages qu'il présente naturellement ou non, en quantités parfois insuffisantes et pour créer à son profit des obstacles qu'il oppose à l'ennemi.

Nous arrivons au génie, à la science de l'utilisation du terrain en vue de la guerre. Elle se divise elle-même en plusieurs branches : la fortification, les communications, soit en vue de la transmission des nouvelles, soit en vue des mouvements des troupes (construction de chemins, lignes télégraphiques, ponts, destruction des chemins et des ponts, etc., etc.).

Chacune de ces sous-divisions doit être séparée elle-même en deux : les règles militaires générales d'une part et de l'autre la pratique et la construction qu'il ne faut pas perdre de vue. Cette dernière est un art tout spécial avec lequel peu de gens ont besoin de se familiariser. Les autres au contraire doivent être connues de tous ceux qui sont appelés à conduire des troupes.

Les notions militaires qui reposent sur des questions d'espace ont pour bases les mathématiques et l'ensemble des sciences naturelles dès que cet espace doit être considéré avec son contenu.

44. Nous laissons bien vite de côté l'éternité du temps et nous nous enfermons dans un espace de temps limité et mesurable. L'art de mesurer le temps, c'est la chronologie dont l'astronomie forme la base. Au point de vue militaire, nous n'avons point à nous occuper du temps qui s'écoule hors de la terre; aussi nous limiterons-nous de suite à la chronologie terrestre, qui repose sur le mouvement de la terre dans l'espace, autour du soleil et sur sa rotation autour de son propre axe. A la chronologie terrestre se lie la division artificielle du temps, plus ou moins arbitraire, et qui a été assez souvent modifiée. La terre a vu bien des calendriers, et aujour-

d'hui encore, dans l'Europe civilisée, il y en a trois qu'on ne peut pas passer sous silence.

La division du temps, suivant une mesure déterminée et dans une portion choisie de sa durée infinie, présente à chacun un faible intérêt. On le satisfait bien vite avec quelques chiffres. C'est le contenu du temps qui le rend si intéressant pour les affaires humaines et par conséquent pour la guerre.

45. Au point de vue du soldat, le contenu du temps se présente sous deux aspects.

La succession des saisons, l'alternative du jour et de la nuit se suivent sur la terre indépendamment de l'action des hommes. Elles ont, pour les affaires militaires, une signification qui mérite une considération sérieuse.

46. En second lieu, par suite de l'activité des hommes sur la terre le temps embrasse encore ce que nous appelons l'histoire. On peut diviser l'histoire générale en autant de parties qu'il y a de branches de l'activité humaine. Il y a donc une histoire militaire de l'humanité, une histoire de la guerre et de ses modes ; c'est elle qui prend la première place dans l'histoire du genre humain. Cette vérité a été obscurcie, grâce à la paresse des soi-disant historiens. De nos jours, par le dualisme naissant qui s'est élevé entre le civil et le militaire, ils ont trouvé bien plus commode de reléguer autant que possible l'histoire militaire dans un coin de leur tableau.

On peut diviser l'histoire militaire en sections que l'historien choisit à son gré. Nous descendons ainsi de l'histoire militaire de certaines périodes aux descriptions des guerres particulières, de chacune des institutions militaires, des armes, des localités, par exemple des forteresses ou des contrées entières qui ont été témoins d'une suite de guerres, de certains personnages et enfin de certains corps de troupes.

La science de la guerre, comme toutes les sciences

pratiques analogues, a le besoin capital d'être accompagnée par l'histoire. La guerre est un assemblage déterminé d'actes humains, et la vue de ces combinaisons qui ont réellement existé donne un aspect vivant à cet ensemble. En général, l'histoire a une importance capitale, parce que l'existence de l'humanité est un développement permanent. Mais on comprend aisément la différence qui existe, par exemple, entre l'histoire des mathématiques et l'histoire de l'art de la guerre, si on veut estimer leur valeur au point de vue de la pratique.

47. Comme toutes choses réelles, les choses de la guerre ont entre elles des relations inévitables d'espace et de temps. L'examen et la supputation des relations d'espace et de temps constituent une science militaire propre, la *logistique*. C'est le germe scientifique et la matière propre de la science de l'état-major. Il est difficile de reconnaître à cette dernière science le caractère d'une véritable science. Elle ne prend de l'ensemble des sciences militaires que ce qui a une importance capitale pour les états-majors des armées, et elle ne peut pas éviter de revêtir, en beaucoup de points, la forme d'un règlement. Elle a, du reste, cela de commun avec toutes les branches des sciences militaires, qui sont absolument nécessaires et indispensables à quelques organes spéciaux de l'armée.

V. — DE LA CONDUITE DE LA GUERRE.

48. Au-dessus des enseignements développés jusqu'ici, s'élève la science de la conduite de la guerre, ou, à proprement parler, de l'emploi des ressources données

dans des circonstances données, en vue d'atteindre un certain but politique.

On peut avec raison l'appeler la science du commandement, ou, pour se servir d'un mot grec, la stratégie.

Elle se divise en deux parties principales : la science des opérations, et la science des combats.

La science des opérations enseigne les grands mouvements de troupes sur le théâtre de la guerre et aussi l'enchaînement des engagements successifs, effectifs ou possibles, en vue du but qu'on poursuit.

La science des combats traite spécialement de la rencontre des armées sur un terrain plus étroit, de chaque action décisive en elle-même qui se relie utilement à l'ensemble des opérations.

49. Ces deux branches forment la stratégie. — Cependant malgré les démonstrations si claires de Xénophon et de Socrate, on a souvent appelé et on appelle encore aujourd'hui la science des opérations la stratégie, et la science des combats la tactique. Ces dénominations produisent une grande confusion, d'autant plus que ceux même qui veulent, en pleine conscience, s'arracher à leurs liens sont obligés d'employer de travers les mots stratégie et tactique, en se conformant à l'usage, pour être compris de tous.

Dans le fait, *la tactique* ne fait rien autre chose que se nourrir des autres sciences militaires et en prendre pour ainsi dire la quintessence. Elle est la science auxiliaire la plus voisine *de la conduite de la guerre*, et elle se divise elle-même en sections qui correspondent aux principaux actes militaires ou à leur négation. Ce sont : la *proégétique* ou tactique de marche, la *machétique* ou tactique de combat, la *stratopé-dique* ou tactique de repos. Elle enseigne les diverses formes de la guerre.

50. La science de la stratégie et les lois générales

qu'elle développe nécessairement agissent sur la tactique. Mais, comme celle-ci trouve des formes qui lui sont spéciales, qui ne peuvent pas être modifiées, elle agit à son tour très-efficacement sur la science de la stratégie.

L'enseignement de la stratégie comprendra une section pour la guerre de terre, une pour la guerre maritime et une troisième pour les relations entre les opérations de terre et de mer.

La politique de la guerre et la stratégie, aidées de l'examen des moyens (forces), des espaces et du temps, sont les deux pieds sur lesquels doit reposer tout plan de guerre.

TROISIÈME PARTIE.

Comment la science de la guerre découle de l'ensemble des sciences en général. — Distinction des sciences proprement militaires.

---

1. Dans les deux premières parties nous avons cherché la formation des sciences militaires dans la conception même de la guerre, et nous avons vu qu'elles se liaient à toutes les sciences intellectuelles.

Sans avoir l'intention préconçue d'arriver à un semblable résultat nous avons, puisque la chose est nécessaire, prouvé de la façon la plus irréfutable que tant que la guerre ne sera pas devenue superflue, elle restera étroitement liée avec tous les actes de la vie humaine ; qu'elle représente simplement une phase de la vie des peuples ; qu'elle revendique pour elle toutes les forces, tous les efforts de ces peuples lorsqu'elle éclate et est inévitable. Celui qui a suivi nos développements avec quelque attention doit se faire la question suivante : Dans la situation naturelle des choses, comment a-t-il été possible de séparer l'enseignement de la guerre de l'enseignement de la paix, les sciences militaires des sciences civiles ? Qu'on trouve ou qu'on ne trouve pas une réponse à cette question, on se dira que cette séparation contient un grand malheur pour l'humanité, une source de conflits tragiques comme il en naît toujours de la séparation de choses étroitement liées ; mais on se dira, en même temps, que cette séparation est temporaire et peu durable, car l'humanité entière ne peut en être ni coupable ni victime.

Il nous suffit d'avoir indiqué cette idée. Tout homme sensé peut suivre aisément le développement des réflexions qu'elle doit faire naître dans tout esprit intelligent. Quant à nous, nous renfermant strictement dans notre sujet, nous allons le considérer sous un autre aspect que celui des deux premières parties. Nous allons sortir du domaine général de la science pour chercher comment chaque science militaire, en particulier, se rattache à telle ou telle science civile en général, et pour déterminer ce qui reste aux sciences purement militaires. Elles peuvent et doivent reposer toujours sur des théorèmes empruntés aux sciences générales. Cela n'empêche pas qu'elles restent susceptibles d'être traitées séparément avec utilité.

Les matières enseignées dans les universités allemandes et dans les écoles supérieures embrassent l'ensemble des sciences ; on m'accordera bien ce point. Cela nous conduit à suivre, dans nos recherches actuelles, la série des facultés des universités.

2. *Théologie.* — Il n'existe pas de religion spécialement militaire, il n'y a, par conséquent, ni église ni théologie militaire. Il y a, dans le monde des religions, des églises, des théologies très-diverses ; aucune n'est spécialement militaire. A cet égard, le soldat se meut au milieu des mêmes éléments que le peuple, la portion de peuple ou même la famille dont il est sorti. Le sol-

dat mâle ou femelle de Dahomey invoque les fétiches de son peuple, les serpents et les crocodiles, pendant que l'Européen éclairé adresse ses prières au Grand-Esprit qui dirige le monde. Chaque église a ses prêtres, ses clercs. Quelques-uns doivent accompagner les armées en mouvement, si l'on ne veut pas leur ôter complétement la satisfaction de leurs besoins religieux. Ces aumôniers militaires doivent avoir étudié la théologie de leur église et de leur confession : pour les troupes, la célébration du service doit être déterminée par les règlements, conformément aux règles générales de l'église à laquelle elles appartiennent.

3. *Sciences politiques*. — On peut discuter peut-être sur la question de savoir s'il est ou non nécessaire en temps de paix de soumettre les troupes à une justice spéciale, distincte de la justice civile. Il n'en demeure pas moins établi qu'en campagne une armée en mouvement ne peut pas se passer d'un service judiciaire spécial. Il doit être composé de fonctionnaires judiciaires spéciaux qui ont fait des études juridiques. En tant qu'organes des services judiciaires, ces fonctionnaires prennent la même place que les aumôniers pour la célébration du service divin et le soin des âmes. Un code militaire est indispensable et les fonctionnaires de la justice militaire doivent le bien posséder. Logiquement, ce code doit être établi sur les bases de la science du droit en général ; il doit en dériver.

4. Cette partie des sciences politiques, qu'on appelle habituellement science du droit ou jurisprudence, présente un sérieux intérêt à un nombre très-limité d'employés militaires, il en est tout autrement des sciences politiques proprement dites : le droit des gens, le droit public, le droit administratif et la statistique. C'est sur elles que reposent, en grande partie, d'une part, l'enseignement de la politique de la guerre,

d'autre part, l'enseignement de l'organisation et de l'administration militaire. Tous les employés ou officiers qui exercent une influence dirigeante, qui ne doivent pas agir en simples manœuvres, les chefs les plus élevés, aussi bien que les employés de l'intendance et du commissariat et que les officiers d'état-major, tous ne pourront remplir qu'incomplétement leur mission dans l'état actuel, s'ils ne sont pas pénétrés de l'esprit des sciences politiques.

Il est vrai que l'administration militaire peut et doit même être réglementée. Mais quand on n'a jamais tenté de concevoir scientifiquement l'organisation et l'administration, quelle influence cette manie de règlements peut-elle avoir sur le maniement des armes, surtout dans les moments critiques ? Les deux derniers siècles nous ont fourni par centaines les effrayants exemples des déplorables résultats auxquels conduit cette manie. Le règlement des gardes de nuit dans la principauté de Reuss qui se compose de 400 paragraphes a, grâce à la prépondérance de la simple routine, des frères très-nombreux dans les règlements administratifs des armées européennes les plus estimées et cela, par malheur, au détriment du soldat.

5. *Médecine.* — Il n'y a pas non plus de médecine spécialement militaire. Qu'un officier ou un conseiller d'État ait la fièvre, qu'un garde de chasse ou un soldat reçoive d'un braconnier ou d'un ennemi une balle dans la jambe, pour ces divers cas, le médecin emploiera les remèdes convenables sans égard à la position sociale du patient. Mais une variété spéciale de souffrances corporelles, les blessures, est particulièrement importante pour le médecin militaire : il est, de plus, dans une situation exceptionnelle. En temps de guerre il est exposé à traiter des masses considérables de malades réunis sur un même point. Sur le champ de bataille les

soins du médecin se lient étroitement avec l'action du général, dirigée vers le but positif de la guerre. Par rapport à ce but même il serait épouvantable d'abandonner les blessés sur le lieu du combat. L'humanité le défend et il en résulte qu'il faut combiner l'action des troupes combattantes avec celle du personnel de santé, de telle façon que ce personnel puisse agir aussi complétement que possible, et que les troupes soient ralenties dans les limites strictement nécessaires.

Dans notre pensée, l'époque actuelle a des exigences que le développement des nouveaux procédés de guerre rend chaque jour plus pressantes. Elle réclame, dans chaque faculté de médecine, la création d'un cours de médecine militaire, traitant, premièrement, des blessures causées par la guerre; secondement, des épidémies militaires; troisièmement, de l'hygiène prophylactique des armées; quatrièmement, de l'organisation du service sanitaire.

Les médecins militaires, qu'une organisation permanente peut entretenir, deviendront de plus en plus insuffisants, comme nombre, en cas de guerre. L'application, si désirable en temps de guerre, du système de dissémination des malades, ne peut être convenablement et complétement mise en vigueur que si tout médecin civil sait réellement soigner les blessures et les autres maladies spéciales occasionnées par la guerre. Il ne faut pas qu'il en soit réduit à faire des expériences sauvages et capricieuses dans des matières étrangères à ses études et au détriment des malades qu'il doit secourir.

Raisonnablement, l'opinion du médecin militaire doit être prépondérante pour toute l'organisation du service sanitaire. Si on ne veut pas le compter parmi les combattants, on reconnaîtra qu'il est bien souvent à leurs côtés pendant le combat. Cette situation exige chez lui plus d'énergie morale que chez les combattants. Mais comme le médecin militaire n'est pas isolé et que dans les moments graves il doit agir d'accord avec le chef militaire, il faut que tous deux puissent s'entendre. L'entente est le moyen de se comprendre en peu de mots. Aussi le médecin doit avoir la notion des exigences imposées par la conduite de la guerre, et le chef militaire, sans devenir pour cela médecin, doit avoir la notion des conditions sans lesquelles le médecin ne peut agir utilement.

Le médecin militaire doit créer et former le personnel militaire inférieur du corps de santé; pour cela, et afin de posséder sur le soldat l'autorité nécessaire, non pas par les insignes, mais par son intelligence, il faut qu'il ait une connaissance réelle des choses militaires en général.

Par ce moyen, le médecin militaire aura une bien plus grande influence qu'aujourd'hui sur les mesures hygiéniques à prendre pour empêcher l'explosion ou l'extension des maladies. Il n'est pas besoin de signaler l'importance de ces précautions à un soldat instruit, si haut que soit son grade, même s'il n'a jamais fait la guerre.

6. Une certaine somme de connaissances médicales est utile à tout homme. D'où viendrait l'importance capitale et très-réelle de certaines apparitions littéraires, comme le *sixième et le septième livre de Moïse*, ou *le Dragon de feu* (1), si elle ne gisait pas dans la reconnaissance générale de cette vérité? Quand les personnes instruites, de toutes sortes, rencontrent les erreurs de l'esprit humain, elles les combattent presque toujours

---

(1) Ce sont les titres d'almanachs qui traitent de la médecine populaire mystique et même apocalyptique. Ils sont très répandus en Allemagne et en Suisse, notamment dans les campagnes.

à l'aide d'armes maladroites et faussées, quand elles ne se contentent pas de se détourner avec un dédain, à coup sûr très-déplacé.

Une très-belle mission pour les médecins militaires serait de répandre, parmi les soldats, les connaissances médicales élémentaires, à l'aide desquelles ils peuvent guérir leurs indispositions légères, et même porter secours à leurs camarades. La chose n'est pas difficile, si on donne au médecin militaire l'autorité d'un véritable chef, qui seule peut réellement le mettre en situation de se rapprocher du soldat. Cette précaution a même une importance qui est devenue capitale dans ces derniers temps ; dans les batailles, une masse considérable de blessés s'accumulera dans un espace de temps de plus en plus court ; leur pansement matériel, à l'aide d'individus en nombre limité, deviendra complétement impossible, les médecins fussent-ils demi-dieux, ou même dieux. Cela veut dire : formez autant d'aides que vous pourrez, et, dans la limite du possible, mettez chaque soldat en état de se secourir lui-même et de secourir autour de lui ses camarades blessés.

7. *Philosophie.* — L'usage de nos écoles supérieures a rejeté dans la Faculté de philosophie tout ce qui ne trouve pas sa place naturelle dans les trois facultés précédentes et tout ce qui semble ne pas avoir de place fixe.

Aujourd'hui, on distingue pratiquement dans la Faculté de philosophie une section philosophique et philologique et une section de sciences mathématiques et naturelles, ou, en d'autres termes, les belles-lettres et les sciences inductives ou exactes.

La section philosophique et philologique renferme : la philosophie proprement dite, la grammaire et l'histoire ; en un mot, toutes les connaissances qu'un homme doit acquérir aujourd'hui s'il veut passer réellement pour un homme instruit.

8. La philosophie est la science des sciences ; la science qui s'élève au-dessus des sciences comme les esprits au-dessus des eaux. Toutes les autres lui communiquent une lumière qu'elle concentre, et elle leur renvoie blancs et éclatants les rayons colorés qu'elle en a reçus.

S'occuper sérieusement de philosophie ne peut pas faire de mal à celui qui cherche la lumière, si on admet que la philosophie est sérieuse et concluante. Si elle ne l'est pas, si c'est un assemblage de paradoxes formé par de sots présomptueux qui s'intitulent philosophes, elle peut facilement brouiller la cervelle de têtes simples, au lieu de leur montrer la vraie direction. Disons d'une façon générale que l'homme animé du désir de s'instruire sérieusement a bien moins besoin d'étudier la philosophie, dans le sens propre du mot, que de porter dans chaque branche de la science à laquelle il s'adonne spécialement un esprit véritablement philosophique, un amour naïf de la sagesse et de la vérité.

Il n'y a pas de philosophie militaire ; mais le soldat accompli qui a le devoir d'être un homme accompli doit être aussi philosophe.

9. Nous n'avons rien dit des langues dans les parties précédentes, car les matières de toutes les sciences militaires peuvent être traitées dans chaque idiome. Mais la connaissance de plusieurs langues vivantes en plus de la sienne propre est presque aussi utile au soldat qu'au négociant, et il faut ajouter cet axiome incontestable que la connaissance d'au moins une langue morte est nécessaire pour former une éducation complète. En réalité l'éducation repose sur deux pieds, l'étude des sciences mathématiques et celle des langues, et

dans cette partie spéciale c'est avec raison qu'on place en première ligne, l'étude des langues mortes (de l'antiquité classique).

10. Nous avons déjà agité l'importance de l'histoire militaire ; mais on ne peut l'étudier fructueusement qu'en la reliant avec l'histoire générale et spécialement avec l'histoire des civilisations.

Il est impossible de comprendre l'histoire sans étudier le terrain qu'elle a eu pour théâtre. Aussi est-il rationnel de rattacher les études historiques et les études géographiques, bien que la géographie par sa nature appartienne à la série des sciences exactes.

11. La section des sciences exactes comprend les sciences mathématiques et les sciences naturelles, les dernières dans le sens le plus général. Comme la science de la guerre a affaire avec la matière, le temps et l'espace, on ne saurait imaginer une science militaire qui ne reposât pas sur la connaissance des sciences exactes.

La simple intelligence des choses militaires suffisante pour pouvoir être utilement employée ne réclame qu'un fond minime de connaissances exactes, cela est certain. Le chef qui reçoit un matériel de canons et de fusils avec les hommes nécessaires pour les manier peut ordonner et diriger leur emploi sans dépasser en mathématiques les simples notions d'arithmétique et de géométrie, sans avoir pénétré dans les sciences naturelles. Il lui suffit de savoir ce qu'on a coutume d'enseigner aujourd'hui dans les bonnes écoles primaires. Il en est tout autrement pour les soldats qui s'occupent d'établir des canons, des fusils, des forteresses ou des ponts, pour ceux qui dirigent ces travaux, qui doivent formuler une opinion décisive dans le choix des modèles d'armes de toute l'armée, qui ont à contrôler les livraisons de matériel de toutes sortes. L'officier d'artillerie chargé de la partie technique, l'ingénieur qui dresse les plans et les fait exécuter, ont besoin, à l'époque actuelle, de se livrer à une étude approfondie des sciences exactes et on doit l'exiger d'eux.

12. Sur les mathématiques pures et les sciences naturelles reposent également toutes ces sciences sœurs qui composent particulièrement la construction : aussi bien la construction des machines que celle qui est plus spécialement désignée par la dénomination de travaux publics.

Aux sciences exactes se lie l'art de représenter les choses comprenant la description verbale, la construction des modèles et plus particulièrement le dessin.

Considérées sous cet aspect les sciences exactes rendent des services de premier ordre aux sciences militaires.

Pour ce double motif les sciences exactes ont une importance capitale au point de vue militaire ; à savoir d'une part, pour la construction des armes, du matériel, des fortifications de toute nature, des ponts ; d'autre part pour la représentation par le dessin du terrain, de la position des troupes, des machines de guerre, des fortifications et des constructions militaire.

Elles ont une importance secondaire pour le soldat, qui doit avoir une instruction générale, et réclament de lui moins d'étude. Elles ont, au contraire, une importance capitale pour le soldat qui doit avoir une spécialité technique, et elles exigent de lui une étude approfondie. Prenons un exemple, pour rendre plus clairement notre pensée. En campagne, un officier d'artillerie peut commander une ou dix batteries d'artillerie qui lui sont livrées toutes montées, sans qu'on ait besoin d'exiger de lui une saine appréciation des avantages présentés par le matériel autrichien ou prussien. On n'a pas besoin non plus de lui demander qu'il construise lui-même des canons, ou qu'il en donne les meilleurs modèles.

13. Quand nous aurons ajouté çà et là quelques explications, ce qui précède suffira à faire comprendre les subdivisions de l'ensemble des sciences que nous allons donner au point de vue de l'enseignement militaire.

1° Sciences purement militaires, c'est-à-dire celles qui existent par elles-mêmes, et dont l'étude réclame la supposition d'une instruction générale :

    a. La politique de la guerre. — Plans de guerre ;

    b. Organisation ;

    c. Administration générale ;

    d. Armes et équipement ;

    e. Fortifications et Génie en général ;

    f. Tactique ;

    g. Conduite de la guerre ;

    h. Enseignement historique se rapportant aux diverses matières indiquées ci-dessus.

2° Sciences générales, en tant que bases des études militaires : parfois les sciences militaires auxiliaires s'y lient étroitement.

    a. Langues. — Littérature ;

    b. Politique, dans un sens étroit ;

    c. Mathématiques ;

    d. Sciences naturelles.

Nous prenons les deux dernières sciences dans leur sens le plus étendu. Ainsi, nous comprenons, par exemple, la géographie dans les sciences naturelles. Dans leurs éléments et dans quelques parties spéciales, elles seront les bases des connaissances militaires : la géographie militaire, les reconnaissances, les levés de plans, le dessin de plans, tandis que leur étude plus approfondie sera le préambule nécessaire des sciences militaires techniques.

e. Histoire. — L'histoire générale est la base nécessaire et très-suffisante de l'histoire militaire dans toutes les directions. Nous avons à peine besoin de le répéter ici.

3° Sciences militaires techniques. — Elles ne sont nécessaires que pour un nombre très-restreint de militaires ; mais elles réclament au préalable des connaissances militaires générales, ou bien il faut, en les étudiant, les relier intimement aux sciences proprement militaires.

Ici se place l'enseignement des constructions militaires, qui ont la plus grande analogie avec les constructions civiles. Les personnes qui ont déjà reçu une certaine instruction militaire font aisément ce rapprochement. Vient ensuite la construction des machines militaires, qui se rattache aisément à la construction des machines civiles. L'art de représenter par le dessin les édifices et les machines est une branche naturelle de ces études.

4° Sciences des facultés. — Chacune a une importance capitale pour certains organes spéciaux de l'armée. Elle est pour eux tellement capitale que l'instruction militaire s'efface au second plan.

a. Théologie ;

b. Jurisprudence ;

c. Médecine.

14. En établissant les divisions de la science militaire, nous ne nous sommes pas laissé entraîner par la mode régnante, qui scinde de plus en plus les sciences pour en créer chaque jour de nouvelles. Nous avons plutôt pris soin de les réunir autant que possible. Nous n'avons pas présenté la logistique, on s'en souvient, comme une science militaire séparée. On peut la traiter complète-

ment et très-utilement, d'une part avec la tactique, d'autre part avec la conduite de la guerre. Elle vient s'y joindre surtout sous forme d'exercices petits ou grands, qui se lient étroitement aux travaux pratiques. Nous n'avons pas parlé davantage de la science de l'état-major général.

En tant qu'elle existe et qu'elle dépasse l'établissement de prescriptions réglementaires pour le service de l'état-major, il faudrait, pour la former, faire un choix dans les matières de chacune des sciences militaires. Elle donnerait ainsi, en un court résumé, tout ce qui intéresse particulièrement le service de l'état-major. Nous avons séparé l'organisation et l'administration. On aura avantage à les traiter ensemble quand il s'agira d'en donner des notions générales que tout chef de troupes doit posséder. Mais l'introduction d'un cours spécial et approfondi sur les différentes branches de l'administration devient nécessaire pour l'instruction des officiers et employés qui en ont la spécialité, officiers d'état-major, aides de camp, intendants.

13. La méthode qui consiste à scinder les sciences en sous-divisions n'a guère dans la pratique qu'un seul résultat. Elle trouble les esprits auxquels la même chose est présentée trois ou quatre fois, mais chaque fois sous un nouveau nom et dans un assemblage différent. On a, dans les derniers temps, causé bien des troubles en employant ce procédé dans des écoles de toutes les sortes et de tous les degrés.

Dans les écoles militaires, tout au moins, on peut éviter ce désordre. On verra qu'il est possible de réunir les leçons d'application des sciences militaires aux sciences générales. On trouvera, par exemple, le lien qui unit la géographie militaire à la géographie générale, le dessin des plans au dessin linéaire, le levé de plans à la géométrie.

En divisant les sciences au point de vue militaire, nous avons laissé de côté la marine, pour simplifier les choses. Le parallélisme de chaque science militaire, par rapport aux sciences de terre et de mer, est de soi-même évident en chaque point.

QUATRIÈME PARTIE.

Enseignement militaire dans les écoles militaires.

1. Dans l'état actuel, on exige des officiers seuls une connaissance scientifique des matières militaires en général. Nous pouvons imaginer une école militaire dans laquelle entrent des enfants dès leur plus jeune âge. Ils ne sont munis que des connaissances les plus élémentaires, mais ils sont destinés à recevoir dans cette école l'instruction nécessaire pour devenir officiers, et quand ils en sortiront, on les placera dans l'armée comme officiers. De semblables écoles existent dans presque tous les Etats monarchiques (1) sous le nom d'école de cadets. Appelons-les *écoles de cadets*. L'âge d'entrée sera fixé de 7 à 11 ans.

Nous pouvons imaginer encore une école militaire dans laquelle les élèves entrent pour devenir officiers lorsqu'ils sont plus avancés en âge, de 16 à 20 ans (2),

----

(1) Il n'y en a pas en France. L'école de la Flèche ne ressemble pas aux écoles de cadets.

(2) En France, par Saint-Cyr, par exemple.

lorsqu'ils ont acquis une instruction générale beaucoup plus complète, peut-être même après une ou plusieurs années de service. Mais ils n'ont pas encore reçu l'instruction militaire scientifique. Nous appelons ces écoles *les écoles de guerre*. Allons plus loin. Supposons des écoles militaires où les élèves ne peuvent être admis que lorsqu'ils se sont approprié l'enseignement scientifique des écoles de guerre, et après quelques années de service militaire. Ces écoles supérieures doivent terminer l'instruction générale des officiers qui sont destinés aux postes les plus élevés de l'armée, ou des officiers et employés qui ont une spécialité comme l'intendance générale, la direction des constructions et fabrications militaires, les ingénieurs de l'artillerie et du génie. Dans le premier cas, on pourrait appeler ces écoles académies de guerre ; dans le second, écoles spéciales ou d'application pour l'artillerie, le génie, l'intendance, etc.

2. Les écoles de cadets et les écoles de guerre sont parallèles aux colléges et lycées civils. Les écoles de guerre correspondent aux classes supérieures de ces institutions ; les écoles de cadets à toutes les classes. Les académies de guerre sont le pendant des universités ou écoles supérieures. Les écoles d'application militaires correspondent aux écoles d'application civiles, écoles de commerce, écoles industrielles ou polytechniques, écoles d'architecture, etc.

Si nous signalons le parallélisme entre les établissements civils et militaires destinés à l'instruction, ce n'est pas pour le plaisir de faire une vaine comparaison.

Il résulte de ce rapprochement, et cela sera plus affirmé encore par un examen ultérieur, qu'on peut sans peine joindre l'enseignement militaire scientifique à l'enseignement général des sciences dans toutes les écoles civiles. L'instruction générale y trouvera un grand avantage. Ce résultat n'a sans doute d'intérêt que pour les Etats qui ont un système de landwehr ou de milices plus ou moins développé. Les autres, qui estiment plus utile de ne s'occuper que d'armées permanentes, négligeront ces idées, les condamneront même; ils pensent qu'il est de leur intérêt de former pour leur armée une sorte de pontificat militaire, un collége de bonzes ou d'augures militaires.

Nous serons à coup sûr obligé de revenir sur le point que nous venons de toucher. Cependant nous tenons beaucoup à exposer tout d'abord quelques recherches sur l'ordre dans lequel on doit enseigner les sciences militaires générales, et sur le moyen de procéder de façon à atteindre convenablement le but.

3. Nous croyons exposer plus clairement la chose en prenant d'abord pour exemple une école de cadets.

Dans la moyenne, un garçon y entre à 10 ans et y passe huit années s'il doit en sortir officier. Les élèves ont un uniforme; ils sont soumis à une discipline militaire calquée sur celle qui régit l'armée du pays, sauf certains adoucissements aisément compréhensibles. Les exercices corporels sont pratiqués dès l'entrée, et tous les élèves doivent faire les mêmes exercices. Les plus jeunes classes sont exercées à la gymnastique et à la natation; plus tard viennent l'escrime, l'équitation et la danse. Aux travaux gymnastiques se lient naturellement les exercices militaires, et par conséquent les manœuvres simples.

4. Il est difficile de commencer l'enseignement militaire scientifique avant la troisième ou la quatrième année. Prenons la quatrième. Nous avons alors trois années pendant lesquelles l'enseignement se meut dans les éléments des sciences générales. Ses matières sont la langue-mère; supposons une fois pour toutes que ce

soit l'allemand, puis une langue morte et une langue vivante, généralement le latin et le français, le calcul ou les éléments de l'arithmétique, la géométrie, la géographie, l'histoire, des exercices pour donner de la dextérité aux doigts, c'est-à-dire un peu de dessin, et même, dans une certaine limite, du modelage ; on exclura difficilement les notions religieuses. Toutes ces matières devront prendre au plus vingt-quatre heures de leçons par semaine ; le reste du temps doit être consacré aux exercices corporels.

5. En toutes circonstances, il faut pour cet âge se préoccuper de ce qui frappe ses yeux. Nous avons vu un maître assommer pendant des semaines des enfants de dix ans pour leur prouver que deux lignes sont parallèles lorsque les angles opposés ou les angles alternes sont égaux. A quoi bon ? Ne pouvait-il pas se contenter de dire à ces enfants que deux lignes sont parallèles quand elles suivent une même direction ? Tous ces ennuis recommencèrent avec le théorème de l'égalité des trois angles du triangle. Pour ces jeunes esprits, il ne faut pas toujours s'en tenir rigoureusement aux démonstrations logiques, il ne faut pas employer des lignes et des points, mais des corps et des surfaces. Avec cette méthode régulière, ils apprennent moins en dix heures d'étude qu'en passant une heure à dessiner sur le papier et à découper des cercles et les figures linéaires des choses usuelles, à mesurer exactement la cour, le jardin ou la salle d'étude. Ils acquerront vite la méthode lorsque quelques années de plus auront donné tout naturellement de la maturité à leur esprit.

6. Dans l'enseignement des langues, le principal est d'apprendre aux enfants à lire d'une façon intelligible. qui s'est occupé de ces commencements sait que cette observation n'est pas superflue. La plupart des gens jeunes ou vieux, même dans les pays où les écoles popu-

laires sont les meilleures, ne peuvent pas lire une simple phrase dans leur propre langue assez intelligiblement pour être compris des auditeurs. Comment pourrait-on leur demander d'écrire d'une façon intelligente et intelligible ?

7. Pour la géographie et l'histoire, les jeunes esprits demandent qu'on les occupe de ce qui les touche. Leur curiosité, on l'oublie trop souvent, a deux directions, une spéciale et une générale. La direction spéciale : pour la satisfaire, il faut lui montrer tout d'abord l'histoire nationale aussi abrégée que possible et la géographie du pays. Partout ils y trouvent des points d'attache pour tout ce qu'ils ont entendu. La direction générale : d'où viennent les montagnes et les vallées ? Que font la lune, le soleil et les étoiles au ciel ? D'où viennent les hommes ? Pourquoi le nègre paraît-il noir et n'a-t-il pas la blancheur du Caucasien ? Pourquoi est-il malgré cela un homme comme nous ?

Il est bien facile d'unir le spécial et le général pour un esprit jeune et frais encore, et cependant combien cela est rare !

8. On trouve l'occasion de faire du dessin à propos de la plupart des matières de l'enseignement, pour la géométrie, la géographie.

Les leçons de dessin proprement dites peuvent être limitées à un petit nombre d'heures par semaine. Il faut naturellement commencer par le dessin à main levée. On doit avant tout veiller à ce qu'il soit exécuté rapidement, il est détestable de tenir en pédant à la beauté du trait. Celui qui n'a pas de dispositions n'y arrivera pas. Et, chez celui qui en a, la chose viendra d'elle-même à l'aide de quelques indications. En six mois nous avons vu un maître conduire dix fois dehors une petite classe d'enfants éveillés pour les faire dessiner d'après nature. Il leur indiqua d'abord une tour, et, au bout de six mois, la plupart des enfants avaient sur leur papier les trois lignes limitant les deux faces principales de la tour qu'ils pouvaient apercevoir. Pour le maître, les traits n'étaient jamais assez droits et assez nets.

S'il ne faut pas négliger, dans le dessin, l'habileté de main, ce qui va de soi, il est plus important encore de faire saisir aux élèves le côté intelligent du dessin. Dessiner est un moyen de représentation et de communication qui devient inutile si le dessinateur a mal compris. Il faut apprendre, avant tout, à saisir exactement tout ce que le dessin doit reproduire. Un joli dessin inintelligent ne sert de rien à personne, au soldat moins qu'à tout autre.

9. Aux études scientifiques se lient les exercices corporels et, parmi eux, l'exercice militaire proprement dit. Pour ce dernier, le mieux semble être d'exercer les enfants les deux premières années sans armes. La troisième année on peut leur donner l'équipement et le fusil, et l'on peut, tour à tour, les exercer à la manœuvre et au tir. Cette année on consacrera déjà deux après-midi à les faire tirer à la cible avec le fusil d'infanterie.

On donnera une grande importance aux longues promenades, même pour les plus jeunes classes. Indépendamment de leur excellente action sur le corps, elles donnent l'occasion d'habituer les jeunes intelligences à bien comprendre la nature et particulièrement le terrain qu'elles ont sous les yeux. On exercera les enfants à deviner la forme du terrain qu'ils n'aperçoivent pas ou qu'ils aperçoivent partiellement, d'après l'apparence des portions rapprochées qu'ils voient bien. On les habituera à apprécier les distances, à chercher et à occuper des positions de campement convenables, à distribuer les provisions qui sont achetées en gros pour la

petite troupe. Tout cela se rattache naturellement aux
promenades, sans qu'il soit nécessaire de faire la chose
en observant rigoureusement les règles militaires, et
c'est une des meilleures et des plus pratiques prépara-
tions qu'on puisse imaginer pour faire faire à l'intelligence un travail réellement militaire. Nous voudrions
bien voir un garçon qui ne trouverait pas de plaisir à
ces exercices ; en se jouant il acquiert une multitude
de connaissances et une dextérité qu'on essaierait vai-
nement de lui donner plus tard par des leçons. Quand
un garçon ne prend pas plaisir à tout cela, on peut à
coup sûr prédire d'avance qu'il ne sera pas bon à grand-
chose et qu'en tout cas il ne fera jamais un soldat.

10. Le terrain ainsi préparé, la quatrième année on
continuera à cultiver les sciences générales ; le cercle
des sciences, qui avait été jusque-là restreint, sera mo-
dérément agrandi, notamment par l'introduction de la
physique, et l'année suivante de la chimie, dans la série
des études. Désormais les études doivent devenir de
plus en plus sérieuses.

A ce moment les études spécialement militaires doivent commencer à trouver place. Nous rencontrons ici
cette première question : Par où faut-il commencer ?

11. Voici notre réponse. Par la tactique, les leçons sur
les armes et la fortification. Nous allons nous étendre
sur chacun de ces enseignements.

On peut traiter la tactique de diverses façons : tantôt
en commentant tel ou tel règlement de l'exercice, tantôt
en développant les axiomes généralement reçus sur les
propriétés des forces armées. Ce dernier procédé est
éminemment scientifique; mais le premier qui touche à
ce que chaque écolier connaît et peut reconnaître est celui qui convient le mieux pour commencer l'instruction.

L'écolier que nous avons devant nous sait déjà, au
moins pratiquement, le règlement d'une arme, de l'in-

fanterie, et, peut-être pour une bonne partie, celui de l'artillerie. Il a fait l'exercice, les manœuvres de l'infanterie, au moins jusqu'à celles de la compagnie, et, si l'on suppose une école assez nombreuse, jusqu'à celles du bataillon. Il a été exercé au tir.

Quand on lui parle des formations, on ne lui dit rien qui lui soit étranger.

Il faut maintenant exposer le pourquoi de chaque chose et diriger là-dessus les réflexions des élèves. On doit employer pour cela une méthode attrayante, fuir la sécheresse qui effraie ; mais le professeur doit éviter tous les mauvais moyens de rendre ses leçons attrayantes. Nous devons signaler ici un fait que nous avons souvent observé. Le professeur croit donner à son enseignement plus d'intérêt et d'attrait en y introduisant des exemples historiques qui doivent démontrer ceci ou cela. C'est fort dangereux quand il s'agit de la tactique élémentaire. Les travaux historiques de toute nature ne donnent, on le comprend aisément, que très-peu de détails à cet égard ; car l'historien, même militaire, est forcé de s'en tenir aux généralités. Il est un autre écueil qu'il faut éviter, quand le professeur parle de telle forme élémentaire de la tactique d'après sa propre expérience. Que tous ceux qui sont dans ce cas, quand bien même ils auraient acquis l'expérience militaire la plus complète et dans tous les grades, veuillent descendre dans leur conscience et avouer combien sont rares les cas où ils peuvent dire : il m'est arrivé ceci, là ou là ; j'ai vu telle chose, et j'ai dû en conclure que la formation que nous avions à ce moment était la meilleure, était bonne ou détestable.

Plus le professeur est intelligent, moins il se laissera aller à une semblable prétention.

Nous entendons souvent dire que l'organisation militaire des Prussiens est la meilleure qu'on puisse imaginer, parce qu'ils ont battu les autrichiens en 1866. Ces conclusions sont permises aux démagogues politiques. La science ne les accepte pas. Si elle s'avance modestement, elle dit que ces conclusions lui paraissent bien hardies; et si elle ne craint pas d'être franche, ce qui est son véritable devoir, elle s'exprime tout autrement.

On trouve des conclusions semblables et aussi peu censées dans la bouche de professeurs qui prétendent enseigner la tactique élémentaire à l'aide d'exemples historiques; on rencontre encore de semblables conclusions dans les traités de tactique élémentaire.

Il existe un travail très-soigné de Scubert : *La tactique enseignée par les exemples*. Ce livre renferme une foule d'exemples même pour l'emploi de telle ou telle formation élémentaire; mais nous n'en trouvons pas un qui nous satisfasse. Il nous manque partout le cadre général, et, à chaque exemple, nous sommes forcés de nous dire dans le cas présent : le succès ou l'insuccès a-t-il tenu à la formation ? En général comment cela s'est-il passé ? Il faut voir de plus si les exemples ont toujours été empruntés à des documents historiques exacts, si l'on a fait l'examen critique des diverses sources auxquelles on peut se renseigner sur les mêmes événements. La nécessité de se poser au préalable cette question est la condamnation irréfutable du procédé.

Prenons un professeur de tactique qui prétend se servir d'un pareil livre pour animer ses leçons. Il faut alors, ou qu'il cite sans réflexion ce qu'il a trouvé, ou, s'il réfléchit, qu'il se heurte à chaque pas; s'il a l'esprit léger, il cherchera à compléter le livre par ses propres inventions; s'il est plus sérieux il cherchera le complément aux sources historiques; il ne le trouvera ı et s'i maginera peut-être l'avoir trouvé. Toutes ces suppositions sont équivalentes ; elles ne valent rien ni les unes ni les autres ; voilà les motifs pour lesquels nous soutenons qu'il faut une précaution excessive quand on veut, en fait de tactique, se servir d'exemples soi-disant historiques. Si le professeur les emploie sans observations, leur apparence historique fait sur la jeunesse une impression beaucoup trop profonde, et ils peuvent pousser dans une mauvaise voie. Si au contraire le professeur y ajoute les observations qui seraient parfaitement à leur place devant des auditeurs plus âgés, il font sur la jeunesse une impression mauvaise. Cela les dispose, après de semblables épreuves, à regarder l'histoire avec scepticisme et à y trouver d'autant moins d'intérêt.

12. A propos d'un cas donné, surtout dans la tactique élémentaire, si le professeur ne s'est pas complétement rendu maître d'un exemple historique dans tous ses détails, s'il ne s'en rend pas bien compte lui-même, il fera mieux de préférer un exemple imaginé et de vivifier sa leçon par une causerie animée avec ses élèves.

Les causeries animées par demandes et réponses ont un si grand avantage qu'on ne saurait assez regretter leur disparition de l'enseignement universitaire. A coup sûr, le professeur intelligent devra toujours chercher à les employer.

L'homme surfait qui ne se sent pas sûr de lui-même, mais qui donne le ton presque en toutes choses, est le principal auteur de ce changement.

Il ne doit plus être permis de parler de tactique ordinaire et de tactique supérieure. Pour faire la confusion plus complète, on a compris sous la dénomination de tactique supérieure, tantôt la science des combats (partie de la stratégie), tantôt la tactique des diverses armes réunies. On a introduit aussi la distinction de tactique pure et de tactique appliquée. Sous le premier terme on comprenait celle qui serait juste sur la table rase; sous le second, celle dont les formations s'adapteraient à la disposition naturelle ou artificielle du terrain.

Il ne faut pas s'arrêter à cette dernière distinction, car la table rase idéale n'existe pas ; quant à celle de haute et basse tactique, elle ne doit sa naissance qu'à une confusion.

Comme nous l'avons déjà dit, on peut traiter la tactique de diverses façons. La plus simple est de la relier aux règlements qu'on développe. La méthode plus relevée consiste à la traiter analytiquement par déductions naturelles, scientifiquement.

13. On peut, pour la tactique, faire la distinction d'un cours inférieur et d'un cours supérieur : l'un pour les commençants, l'autre pour les élèves plus avancés qui se sont déjà fortifiés dans les sciences générales et militaires. Mais les deux contiendront en réalité les mêmes matières.

La forme de l'exposition fera la seule différence, et les mêmes élèves qui auront suivi le cours inférieur suivront plus tard le supérieur avec grand profit pour leur instruction ultérieure, quand ils auront acquis plus de maturité.

En suivant la méthode qui consiste à expliquer le règlement, le cours inférieur de tactique, destiné aux commençants, doit être précédé d'un rapide exposé de de l'organisation en question. C'est à elle que se rattachent les formations pour les détachements de chaque arme, puis pour les corps comprenant les diverses armes (divisions ou corps d'armée). Malgré l'avis de certains pédants, il est bien clair qu'on ne peut pas exposer la tactique d'une seule arme. Comment pourrait-on parler du carré de l'infanterie sans parler en même temps de la tactique de la cavalerie ? Dans l'école que nous avons en vue, le cours inférieur de tactique doit se diviser en deux années. On attribuera le cours supérieur à la première ou à la seconde classe, ou mieux encore, peut-être, on le réunira aux leçons sur la stratégie.

14. A côté de la tactique, nous avons placé la connaissance des armes. Notre écolier en possède déjà quelques éléments. Il a déjà manié le fusil de l'infanterie, il a même été exercé au tir. Il sait les diverses parties des armes par leur nom, il en connaît couramment la destination. Il faudra revenir sur ces connaissances déjà acquises en partant des premiers principes, les coordonner, les bien établir, et les développer scientifiquement.

Il pourrait y avoir sur les armes un cours inférieur qui serait complété dans les classes plus élevées par un cours supérieur en raison des progrès faits par les élèves dans les sciences mathématiques et naturelles.

D'une façon générale, mais d'une façon générale seulement, le cours inférieur et le cours supérieur auraient les mêmes rapports pour les armes que pour la tactique.

Nous nous prononçons sur ce point et sur les écarts de détails qui peuvent se produire ici.

Il fut un temps qui n'est pas loin où la science des armes n'était bonne que pour un artilleur. A la fin des traités d'artillerie on s'occupait des armes à feu portatives. Nous sommes sortis de là, grâce surtout aux officiers allemands. On peut le dire aujourd'hui, tout le monde est unanime pour reconnaître que cette méthode mettait la charrue devant les bœufs. Il y a neuf ans encore, cette opinion régnait souverainement.

Maintenant que tout cela est passé, nous pouvons demander hardiment et sans qu'il soit besoin de justification que le cours inférieur sur les armes commence dans notre école de cadets par une instruction sur le fusil d'infanterie. Les cadets le connaissent déjà, et, comme nous l'avons indiqué, rationnellement; il est identique à celui qu'emploie l'armée.

Les élèves doivent posséder exactement toutes les parties de l'arme; on leur expliquera le rôle de chaque pièce dans la limite de leurs connaissances mathématiques. Ils dessineront toutes les pièces du fusil et surtout la platine dans toutes ses positions. Le dessin ne sera pas léché; il peut être grossier pourvu qu'il dénote bien la compréhension de l'objet. Dans le cas contraire il indiquera les élèves en retard qui ont besoin d'être aidés; il sera très-facile d'y pourvoir.

15. A ce point de l'enseignement, c'est-à-dire après une douzaine de leçons, l'introduction de la partie historique sera tout à fait à sa place.

Des enfants demanderont si les armes de l'infanterie ont toujours été les mêmes; non, quelles étaient-elles alors ?

Ici le professeur se trouve sur un terrain solide, au moins pour les grandes divisions. Il peut raconter les changements matériels de la fronde et de l'arc à l'arquebuse, au mousquet, au fusil, enfin à la carabine se chargeant par la culasse.

Il peut le faire aisément, car il n'a qu'à suivre d'une façon générale les traces des grandes périodes de l'histoire. Msis il faut bien songer ici que le XVe ou le XVIe siècle n'ont pas de signification pour les élèves, même pour les plus âgés; dans le cours sur les armes, le professeur doit faire une répétition de l'histoire générale; il sera de cette façon doublement utile. Si le professeur ne le peut pas, il a eu tort de se donner comme en état de faire ce cours, et les gens qui l'ont désigné n'eussent pas dû le choisir.

L'histoire des armes à feu portatives ressort en réalité de la comparaison de celles qui ont existé successivement. A cette comparaison s'en lie une autre, celle des armes qui, dans le présent, existent simultanément dans les différentes armées.

Quand on connaîtra bien les armes à feu portatives, on fera facilement connaissance avec les pièces d'artillerie et on les comprendra sans peine. On passera ensuite à l'examen approfondi de la forme des projectiles, de la force de propulsion (poudre de guerre) et enfin à l'étude du matériel roulant.

16. La troisième science militaire, qui peut être enseignée dès les commencements, c'est, dans notre pensée, la fortification et, par leurs liens avec elle, les autres portions de la science du génie. Mais, à notre avis, on devrait les placer après le cours inférieur de tactique et d'armes.

Admettons que, dans l'école prise pour exemple, les armes et la tactique aient été enseignées conjointement pendant la 4ᵉ ou la 5ᵉ année des études et que ces deux cours aient été complétés dans leur portion inférieure, ce qui est pleinement suffisant pour la masse des officiers, la 6ᵉ année on passera aux fortifications. Voici nos raisons pour indiquer cet ordre. Au commencement, il ne faut pas surcharger l'élève de sciences militaires. Il faut laisser aux jeunes esprits assez de repos pour qu'ils prennent peu à peu goût au travail. Nous n'établirons pas plus de 4 leçons par semaine pour les sciences militaires pendant la 4ᵉ et la 5ᵉ année d'études. On peut prendre les quatre heures nécessaires aux sciences militaires sur les leçons consacrées aux sciences générales qui en garderaient de cette façon 20 par semaine; on peut encore, si cela paraît convenable, ajouter les 4 leçons destinées aux sciences militaires aux 24 consacrées aux sciences générales pendant les trois premières, et on aura ainsi 28 leçons par semaine.

A mesure que le corps et l'esprit se développent, il est permis de demander davantage à ce dernier. On peut dire que si de 10 à 13 ans, 24 heures de leçons par semaine suffisent, de 13 à 16 ans 28 ; de 16 à 18 ans, 32 heures sont parfaitement admissibles. Quant aux exercices du corps, il ne faut sous aucun prétexte et pour aucune classe rogner le temps qu'on leur consacre.

17. Dans les siècles précédents, la fortification allait avec les mathématiques. Dans ce temps-là, on était encore loin de soumettre les autres matières militaires à une étude scientifique. Alors les études vraiment militaires commençaient à la fortification. Le respect de la tradition a maintenu jusqu'à nos jours cet état de choses en Angleterre.

On a fini, même là, par en arriver à cette idée qu'un officier avait besoin de savoir au moins quelque chose, mais on demandait aux aspirants-officiers pour toute instruction militaire, de savoir dessiner un front bastionné à la Vauban.

Nous sommes sortis de ces époques antédiluviennes ; aussi ne serait-il plus rationnel de commencer les études militaires par la fortification. Il est vrai que les compas et les tire-lignes suffisent pour mettre tout en place, mais seulement tant que l'esprit et le raisonnement sont confinés à la porte. Sitôt qu'ils ont accès dans la salle, ils nous crient de toutes leurs forces : les fortifications n'ont de valeur que si elles sont garnies d'armes et de soldats pour leur défense ; ils bouleversent ce jeu de fortifications au compas et démontrent la nécessité d'études préalables.

Ce sont nécessairement la tactique et la connaissance des armes.

Reposant sur ces bases, la fortification consiste dans l'enseignement des modifications artificielles du terrain appliquées à un but militaire. Si, avec ce point de départ, on la traite scientifiquement, elle devient en même temps une répétition des deux premiers cours auxquels il faut recourir à chaque pas. Le professeur de fortifications qui rejetterait ces rapports et prétendrait traiter cette science isolément serait un détestable maître. Aussi faut-il bien se garder de prendre comme professeurs les hommes spéciaux, les hommes de pure science, très-utiles par ailleurs, on peut dire même indispensables.

18. Le cours de fortification commence, comme d'habitude, par les fortifications de campagne et arrive ensuite aux fortifications permanentes. Pour les unes et les autres, il faut expliquer leur occupation par les troupes et l'artillerie : l'attaque et la défense ; il faut montrer clairement les différences et les analogies de ces combats avec ceux qui ont lieu en rase campagne. On est ainsi ramené sans cesse à la tactique. La construction ne rentre pas proprement dans ce cours de fortification, elle appartient à l'école spéciale du génie ; depuis longtemps cependant on a reconnu avec raison qu'il y avait à faire ici une exception. On enseigne la partie indispensable de la construction des fortifications de campagne, parce qu'elle est simple et qu'elle est utile à l'officier, même inférieur, qui n'appartient pas à une arme spéciale. On peut ajouter de plus une idée générale des ponts-volants, de la construction des chemins, des chemins de fer, des transports par chemins de fer et par bateaux, des télégraphes de campagne.

Pour ce qui touche aux fortifications permanentes, il faut faire bien connaître aux élèves l'ordonnance des fortifications existantes, leurs formes, leur destination, la nomenclature de leurs parties. A cette occasion il ne faut pas manquer de faire ressortir les faiblesses que peu à peu les modifications de l'armement et le changement des conditions de la guerre ont apportées aux fortifications permanentes. Il faut leur faire remarquer attentivement comment et jusqu'à quel point l'emploi de mesures convenables peut parer à ces défauts.

19. Un aperçu historique du développement des fortifications est extrêmement utile; il ne le serait pas si le professeur exposait successivement une quantité de systèmes et établissait entre eux des comparaisons ingénieuses. C'est le mode d'instruction le plus sot. Cet aperçu historique doit bien plutôt faire voir l'action réciproque et active des systèmes de fortifications et des modifications successives que l'histoire nous montre dans les conditions de la guerre.

Il ne faut pas négliger de faire voir tout d'abord aux élèves de véritables fortifications. Alors même que l'école des cadets ne serait pas dans une ville fortifiée; les chemins de fer actuels permettent de faire en quelques jours une semblable visite. Cela vaut toute autre excursion, et pour raffraîchir l'esprit, on ne saurait trop conseiller d'en faire une au moins par semaine, en changeant chaque fois de but.

Chaque année, les élèves pourront élever une redoute de campagne avec tous ses accessoires dans un terrain approprié. Les petits pourront déjà se mêler à ces travaux dans une certaine mesure. Chaque année, les élèves pourront jalonner, tracer, profiler et défiler plusieurs redoutes semblables.

20. Il sera convenable de diviser le cours de fortifications entre la 6ᵉ et la 7ᵉ année de notre école. A cet âge on peut, comme nous l'avons dit plus haut, consacrer en moyenne au moins six heures par semaine à l'instruction militaire.

Ces six heures ne sont pas nécessaires pour le seul cours de fortifications; à côté de lui, on traitera très-utilement une autre matière.

L'art de la conduite de la guerre paraît se placer convenablement ici, accompagné de l'histoire de la guerre ou plutôt de l'histoire d'une guerre en particulier qui sera féconde en éclaircissement : on y joindra un aperçu sur les progrès de *l'art* de la guerre en général. En dehors de sa spécialité et des matières nouvelles qu'il traite, ce cours est un véritable cours répétiteur, car à chaque pas il est obligé de faire un retour sur la tactique et sur les armes.

21. Pour la dernière année de l'école, la huitième, il nous reste parmi les sciences purement militaires, la politique de guerre, l'organisation et l'administration qui seront exposées à des esprits exercés et suffisamment imbus de connaissances militaires. A cette occasion, on repassera tout ce qui a précédé, et l'enseignement embrassera d'un regard l'ensemble dont les éléments particuliers ont paru successivement dans chaque cours. L'histoire militaire accompagnera cette dernière partie de l'enseignement.

22. Nous avons observé qu'il ne fallait pas, autant que possible, interrompre l'enseignement des sciences générales ; qu'on lui laisserait vingt à vingt-deux heures malgré la simultanéité des cours militaires. A notre avis, cette considération ne doit plus appeler notre attention dans la dernière année. Sur trente à trente-deux heures de classes, par semaine, douze heures et plus peuvent être consacrées aux études militaires. Dans cette dernière classe les sciences générales elles-mêmes doivent donner lieu à des cours répétiteurs développant spécialement les côtés qui peuvent avoir une application militaire.

A sa sortie, on ne dira pas que le jeune officier a été bourré de science ; personne ne pourrait faire ce reproche à notre plan d'éducation, mais il a reçu une notion générale de tout ce qu'il rencontrera dans la pratique, de tout ce qu'il doit s'approprier dans la vie,

L'instruction générale a dû progresser en même temps que l'instruction militaire, ou, pour parler plus exactement, elle devrait toujours la précéder d'un pas et lui ouvrir la route. Dans les classes supérieures, il est très-utile d'étudier sérieusement les sciences naturelles et les mathématiques. Mais, en général, on redoute ici de dépasser une certaine limite très-modeste par amour d'une méthode à laquelle on est accoutumé. Ainsi, par exemple, dans les colléges on n'apprend pas le calcul différentiel et intégral. Pourquoi? On le comprend difficilement quand on regarde l'excellent traité de Weisbach et quand on voit les élèves des classes supérieures gémir pendant six mois sur le cours des sections coniques par les méthodes élémen-. taires pour finir par le savoir incomplétement, tandis que la connaissance facile des principales règles du calcul différentiel permet d'apprendre tout cela en trois leçons et complétement.

Nous prenons cet exemple au hasard parce qu'il nous a vivement saisi. On en pourrait fournir de semblables à la douzaine à propos des écoles militaires.

23. Nous avons déjà fait observer souvent qu'il ne fallait rien retrancher des exercices corporels ni du temps qui y était consacré.

Les élèves des classes supérieures doivent s'exercer à l'instruction, au commandement et à toutes les fonctions de l'officier. Aussi doit-on, à partir de la cinquième ou de la sixième année, les employer à diriger les exercices des classes inférieures, la gymnastique, la natation, l'escrime et l'exercice proprement dit, avec ou sans fusil et le tir. Hors des heures d'étude, ils auront la surveillance de la discipline sur les plus jeunes, et quand on fera des manœuvres, ils serviront d'officiers et de sous-officiers. Il faudra établir entre eux une rotation de telle façon que les cadets les plus âgés s'exercent, tour à tour, à remplir les diverses fonctions.

Pour les classes supérieures, les promenades se changeront en véritables reconnaissances militaires. On y joindra des travaux appropriés, tels que des levers effectifs de terrain avec les instruments, des levers à vue et des croquis.

On choisira pour cela un terrain sur lequel on peut, en saison convenable, faire faire à toute la petite troupe le service de campagne et les manœuvres.

Pour donner des leçons d'équitation aux classes supérieures, il faudra avoir assez de chevaux pour former au moins un peloton, c'est-à-dire environ 30 chevaux.

Nous savons bien que, lorsque le nombre des élèves est considérable dans une école de cadets, et lorsque leur présence doit durer aussi longtemps que nous l'avons indiqué, on a l'habitude de les séparer en deux divisions. Ces divisions peuvent être placées dans des villes différentes ou dans la même ville, mais dans des bâtiments séparés.

On présente en faveur de cette séparation des arguments dont nous ne contestons pas complétement la valeur. Cependant ce sont surtout des raisons de commodité, et nous devons avouer que nous trouvons grand avantage à habituer sans cesse les jeunes gens à exercer une certaine autorité, ce que la réunion de toutes les classes rend seule possible. On devrait faire des sacrifices pour atteindre ce but, quand même ces sacrifices seraient d'un tout autre ordre que la simple commodité du personnel enseignant et surveillant.

24. Après avoir parlé des écoles de cadets dans tous leurs détails, nous pouvons passer plus rapidement sur les autres écoles militaires.

Nous arrivons maintenant aux écoles de guerre.

Pour elles la plus longue durée des cours est de trois ans, la plus courte d'un an.

Dans ce dernier cas, on suppose qu'avant son entrée dans l'école de guerre, l'élève a reçu une instruction générale aussi complète que cela est reconnu nécessaire. De cette façon, l'année passée dans l'école de guerre sera exclusivement consacrée à l'instruction militaire. Elle sera employée à acquérir les connaissances pratiques qui se lient étroitement aux sciences militaires. Nous ne pouvons cependant pas dire qu'une semblable institution nous plaise.

. Si l'on croit bon, dans ces écoles de guerre, de ne s'occuper que des sciences militaires et de leurs plus proches dépendances, un an ne suffirait pas. Accordons trente à trente-deux heures de leçons par semaine, accordons que ce temps suffira pour exposer toutes les sciences militaires, avec toute l'étendue que nous avons reconnue nécessaire pour les écoles de cadets. Le travail sera bâclé, mais il ne sera pas digéré. On n'éveillera pas chez les élèves le désir de creuser plus profondément par eux-mêmes toutes ces questions.

Prenons des conserves. Les chimistes nous apprennent qu'un centimètre cube de telle ou telle conserve contient toute la matière nutritive dont un homme a besoin chaque jour pour vivre. Ce serait une belle chose, si on pouvait nourrir nos soldats avec ces conserves ; chaque homme porterait sans peine sa nourriture pour un mois ; toutes les difficultés des grandes agglomérations seraient évitées ; les armées seraient aussi indépendantes que les dieux de l'Olympe. Cependant nous ne conseillerons à personne d'essayer de nourrir une armée avec ces conserves ; le travail de l'estomac demande autre chose que des matières nutritives, il exige qu'elles lui soient présentées sous un certain volume.

En pareille circonstance, l'intelligence a certaines

analogies avec l'estomac. Nous croyons pouvoir affir-
mer que 2 heures de leçons par semaine, consacrées
pendant 3 ans à une étude, seront plus utiles que 10
heures par semaine employées pendant un an à cette
même étude. Les jeunes intelligences ont besoin d'un
certain temps pour s'habituer à la nourriture qu'on leur
présente et pour la digérer.

Déjà pour ces motifs nous sommes les adversaires déclarés de cette concentration des sciences militaires
dans un aussi court espace de temps.

Pour d'autres objets cela pourrait plutôt convenir ;
mais pour les études militaires cela ne saurait être bon,
car ici la science absolue ne servirait de rien si elle ne
passait pas dans le sang de l'individu, si elle ne se trans-
formait pas en pouvoir et en volonté d'agir de telle ou
telle façon.

Si nous n'avions pas le choix, si dans les écoles de
guerre nous ne pouvions consacrer que 12 mois aux
études militaires scientifiques, nous préférerions à une
année complète deux semestres d'hiver successifs, séparés par un intervalle de six mois.

25. De plus, nous ne croyons pas du tout qu'on
puisse sans inconvénient exclure des écoles de guerre les
études scientifiques en général.

Quelques suppositions qu'on fasse, quand même les
élèves sortiraient d'écoles soumises aux mêmes règlements, quand même ils auraient parcouru les mêmes
classes, ils entreront toujours dans les écoles de guerre
avec une instruction inégale.

On ne peut pas espérer niveler toutes les têtes et les
bourrer toutes également. Aussi est-il très-important de
remédier en partie aux inégalités de l'instruction préalable. Elles opposeraient, chez beaucoup d'élèves, des
obstacles sérieux à leurs progrès dans les études militaires, si on ne cherchait pas à reprendre les choses en

sous-œuvre, et, par là, à retarder les plus avancés ; sans cela on risquerait d'imposer aux autres un dégoût très-nuisible.

S'occuper exclusivement d'études militaires créerait une aridité positive qui n'est nullement désirable, et ce système engendrerait le plus grand mal que nous puissions imaginer en faisant apparaître aux élèves les sciences militaires comme absolument séparées de la vie et des connaissances civiles. Aussi nous croyons que dans toute école de guerre les sciences générales doivent accompagner les études militaires. Si nous avions à exprimer notre avis sur 30 à 32 heures de leçons par semaine, dans une école de guerre, 12 au plus seraient consacrées aux études militaires, le reste serait disponible pour les sciences générales. D'après cela, le minimum de séjour dans ces écoles serait de deux années, trois années même répondraient mieux à nos désirs.

26. Ici encore l'instruction militaire devra commencer par la tactique et l'étude des armes. Si on n'a que deux ans, il faudra y joindre l'organisation et l'administration. On gardera pour la deuxième année, la fortification, la science du commandement, la stratégie, accompagnées de l'histoire et de la politique de la guerre.

27. Quant aux sciences générales, qui doivent être étudiées dans les écoles de guerre, nous placerons au premier rang les sciences exactes, puis les langues et l'histoire.

Un bon fond de sciences exactes est nécessairement supposé, aussi seront-elles exposées au point de vue spécialement militaire.

En physique et en chimie, on s'occupera particulièrement de la théorie des gaz en vue de la poudre, de sa composition, des procédés de combustion ; la lumière sera traitée pour le télescope ; l'électricité pour le télégraphe électrique et l'inflammation électrique des mines; les problèmes de mécanique pour les transports de guerre; tous les sujets, en général, au même point de vue spécial.

A vrai dire ces détails particuliers reposent sur des principes généraux. Le temps accordé au professeur est assez court pour qu'il lui soit difficile de faire autre chose que de bien établir ces principes dans la forme dite populaire.

Il faut cependant que cela soit possible.

Dans beaucoup de villes d'universités existe aujourd'hui ce qu'on peut appeler un pot-pourri littéraire.

L'hiver, la société instruite de la ville s'assemble une fois la semaine pendant une heure, une heure et demie au plus, dans une salle quelconque, et un professeur quelconque lui expose la quintessence de sa science. Quand les femmes s'en vont (car les dames siègent ici à côté des hommes à droit égal, on pourrait dire même par droit de préférence), quand les femmes s'en vont, elles croient que toute cette science déroulée devant elles est un vrai jeu d'enfant, qu'elles la savent à fond.

Si en une heure, les femmes apprennent à la façon populaire une science entière, on accordera bien qu'en deux douzaines de leçons, un garçon de 17 à 18 ans se familiarisera avec les principes généraux d'une science, assez pour qu'on puisse pénétrer avec lui dans les détails de cette science, qui intéressent particulièrement les choses militaires.

La géographie devra être ici la géographie militaire pure.

On doit supposer que les élèves ont déjà acquis, en fait de dessein, une habileté de main générale, on le limitera donc aux besoins militaires.

Les langues anciennes doivent être complétement

exclues. A leur place on doit comprendre dans l'enseignement une langue moderne. La langue française sera *la plus convenable*. Aux exercices de *conversation* ou joindra la lecture de bons ouvrages militaires ; une année, on prendra les ouvrages historiques, l'autre année les ouvrages théoriques, dans lesquels les élèves se familiariseront avec les termes militaires francais, les institutions et les coutumes françaises.

Il ne faut pas négliger les exercices corporels. Mais le temps est trop limité pour ne pas restreindre ces exercices. Il faut en faire un choix. Sur quelles bases ? Dans chaque école cela dépendra de l'éducation préalable que les élèves sont supposés avoir reçue, et surtout de ce fait qu'ils auront déjà servi ou non.

29. Pour l'enseignement, dans les *Académies militaires*, il faut s'en tenir rigoureusement aux principes auxquels nous avons été conduits à propos de la classe supérieure des écoles de cadets.

Il faut donc ici embrasser d'un coup-d'œil le tableau complet des sciences générales et des sciences militaires, développer les rapports intimes qui unissent les sciences générales et les sciences militaires, les rapports de la vie pacifique de tous les jours et de la vie des nations en temps de guerre, exciter les élèves à penser et à étudier par eux-mêmes. Enfin, pour qu'ils puissent arriver à des résultats fructueux, on leur donnera un aperçu de la bonne littérature.

On doit supposer que ce sont des officiers qui ont tous, en cette qualité, vécu plusieurs années de la vie civile et militaire. On doit donc supposer qu'ils connaissent bien leur fort et leur faible. Aussi, à notre avis, les études devront-elles être libres pour eux par analogie avec ce qui se pratique dans les universités allemandes. Là chaque étudiant choisit lui-même les cours qu'il veut suivre. Nous sommes en principe contre toute limitation parce que, à notre avis, ces études doivent aboutir à un examen. L'examen prouvera si le jeune homme autorisé à suivre une académie de guerre a retiré de ses études des fruits suffisants pour mériter un avancement plus rapide, son entrée dans l'état-major ou tout autre emploi analogue,

Si on croyait une limitation à cette liberté complète, indispensable pour la bonne utilisation du temps d'études, on devrait chercher à l'établir comme suit :

Premièrement, chaque étudiant serait obligé d'assister à un nombre déterminé de leçons par semaine, autrement dit, de se faire inscrire à un nombre minimum de cours.

Secondement, pour chaque année de séjour à l'académie, certains cours seraient rendus obligatoires.

Si on s'en réfère à ces deux modes de limitation il serait mauvais d'imposer à un étudiant plus de seize heures de leçons par semaine. Si l'on croit utile de rendre obligatoires certains cours pour chaque année, on établira le plan des études de cette façon que les cours obligatoires comprennent un nombre de leçons inférieur aux seize leçons par semaine imposées à chaque étudiant.

Nous supposons qu'une académie de guerre doit être située dans une ville qui offre d'excellentes bibliothèques et des collections de toute nature, mais surtout celles qui intéressent le soldat. De plus, il faut dans la ville même, ou à proximité, des établissements militaires, des ateliers qui sont intéressants à connaître pour le soldat, lorsqu'il veut se préparer convenablement aux travaux les plus sérieux de sa spécialité.

Pour recueillir tous ces profits il faut du temps; mais ce n'est pas la seule condition, il faut aussi que l'étudiant ait la liberté d'utiliser son temps d'après son inclination et sa propre volonté. C'est un point capital dont la considération est trop souvent négligée par les vieux pédants pétrifiés dans leur pédantisme.

Les exercices corporels doivent être laissés au libre arbitre *de l'étudiant*.

Nous avons encore quelques mots à dire des écoles d'application. Dans ces écoles, l'enseignement de l'objet spécial pour lequel elles sont constituées tient la principale place. Ainsi pour les ingénieurs, nous avons en première ligne l'architecture et ses applications militaires.

D'après chaque cas particulier, on déterminera les sciences générales et les sciences militaires qui seront simultanément étudiées. Combien faut-il consacrer de temps à ces cours des écoles d'application ? Combien la matière spéciale de l'école réclame-t-elle de temps ? Enfin quelles connaissances préalables faut-il supposer chez les élèves dans les conditions ordinaires.

Habituellement on trouve avantage à placer à côté des cours spéciaux des cours de sciences générales aussi nombreux que possible pour éviter cette étroite pédanterie que les esprits contractent en tournant dans nn cercle d'idées trop restreint et pour leur garder une vue libre sur l'ensemble.

Plus le temps est limité, plus il faut se borner aux sciences générales qui se rapprochent de la spécialité en vue. Dans les écoles d'artillerie et de génie ce seront les sciences naturelles qui prendront la première place après les cours spéciaux. Pour l'intendance et le commissariat, ce seront les sciences politiques et parmi elles, la statistique, le droit administratif et l'organisation administrative du pays. Quant à la science de la guerre en général on peut, s'il est nécessaire, la limiter à un aperçu encyclopédique qui forme revue, d'autant mieux que les élèves apportent des écoles de guerre des études préalables.

Quels exercices du corps faut-il recommander? doit-on même en introduire dans le plan d'études des écoles d'application?

On ne peut rien déterminer à cet égard que pour chaque cas spécial d'après la préparation et l'âge supposé aux élèves lorsqu'ils arrivent dans l'école et en raison du but présent et spécial qui doit se relier à celui de l'éducation première. On doit naturellement imposer des exercices de tir à l'école d'application d'artillerie , à celle du génie des mesurages, jalonnages, levers de plans et autres travaux analogues.

CINQUIÈME PARTIE

L'enseignement militaire dans les écoles civiles.

---

1. Dans aucune des écoles militaires dont nous avons précédemment parlé, nous n'entendons renoncer à cette instruction primaire, préparatoire, générale et scientifique. Nous avons sans cesse demandé que l'enseignement général accompagnât les études militaires, non pas au hasard en suivant la fantaisie de chacun, mais d'après des règles bien raisonnées. De plus il se trouve que les applications militaires, leur exposition et leur explication se lient naturellement à un grand nombre de sciences générales. Elles les vivifient et les animent en faisant passer du général au particulier.

Nous ne voudrions voir les exercices corporels négligés nulle part, quoique, en certains cas, nous les ayons laissés dans le fond du tableau, mais ce n'est qu'après avoir préalablement fait pour eux le nécessaire. Ces exercices n'auraient-ils d'autre but que de

fortifier et d'entretenir la santé de l'esprit et des corps ;
par leur nature ils se lient étroitement à tous les exercices qui ont, militairement, une utilité immédiate.

2. Dans cette situation on se pose naturellement
cette question : ne serait-il pas possible de lier l'enseignement militaire à l'enseignement général dans toutes
les écoles civiles ?

A coup sûr, et il faut sans plus tarder répondre : oui.

Déjà, dans la première partie, nous avons montré
l'utilité de cette organisation, nous avons rappelé que
l'introduction tentée du système de milices pour remplacer les armées permanentes n'était possible qu'à la
condition de donner à la jeunesse une instruction militaire générale.

Mais nous ne voulons pas des milices, disent les
hommes d'État influents des partis au pouvoir ; les
milices sont vantées et réclamées par les gens qui ne
savent rien des choses politiques et militaires, qui
n'ont pas la moindre idée des nécessités de l'État moderne.

Comme nous faisons partie des ignorants, nous n'en-
gagerons pas de discussion sur ce point. Mais ces
hommes d'État influents des partis au pouvoir vou-
draient bien la réduction des armées permanentes ; de
plus, ils désirent que les armées permanentes ne soient
pas aussi nombreuses en temps de paix qu'en temps de
guerre avec la possibilité cependant de les augmenter dans ce dernier cas, sans que les limites de cette
augmentation puissent être jamais supputées exactement par avance. Il leur faut donc des hommes,
et surtout que ces hommes soient prêts à faire le métier de soldat.

3. Nous ne sommes pas encore arrivés aujour-
d'hui aux dernières limites de l'épuisement financier ;
MM. les hommes d'État croient-ils pour cela que cette

échéance fatale ne viendra jamais? Nous ne sommes pas encore complétement dégénérés de corps; ces hommes croient-ils que ce triste résultat n'est pas proche?

Toutes ces conclusions, qui ne trouvaient pas place dans les anciennes logiques, sont en vogue depuis 1848 en Europe et notamment en Allemagne.

Si l'industrie continue de se développer, et c'est dans les prévisions, elle doit par son essence prendre le pas sur l'agriculture, et l'agriculture elle-même doit devenir de jour en jour plus industrielle. Si malgré cela l'État reste dans les mêmes idées, s'il continue à ne s'occuper de ceux qui sont la matière de son armée que lorsqu'ils ont vingt ans, serait-il donc impossible de les livrer à l'armée autrement que radicalement flétris?

4. Cette solution nous sera consentie par un certain parti qui en tire les mêmes conséquences que nous : il faut qu'une loi sur les fabriques limite les heures de travail effectif des enfants; qu'on prenne soin de leur nourriture; qu'on les fortifie par des exercices corporels. Les réactionnaires nous accorderont tout cela; mais les hommes de progrès, qui deviennent des capitalistes par le travail et l'épargne de leurs ouvriers plutôt que par eux-mêmes, feront à ces propositions un assez mauvais visage; elles menacent terriblement la main-d'œuvre à bon marché.

Laissons de côté les cagots de l'école de Manchester qui sont satisfaits d'eux-mêmes quand ils ont fait travailler cent mille fois leur capital. Ne nous préoccupons pas de leur mine attristée, laissons-les déclarer dans des congrès qu'ils ont supprimé la guerre de dynastie à dynastie au profit de cette autre guerre tentée contre la santé du peuple à l'avantage de leur caisse. Ces messieurs ont le présent et ne s'occupent pas de l'avenir des autres hommes, de peuples entiers, et, au-dessus de tout, de l'humanité. Un grand homme d'État nous l'a enseigné récemment : il n'y a que les hommes qui n'ont pas de présent pour parler de l'avenir.

Serait-il vrai que, parmi les classes qui ont un présent, parmi les classes au pouvoir, pas un homme ne pense à l'avenir de tous, de l'humanité ; qu'il ne végète dans ces régions que des insectes ayant pour toute idée : après nous le déluge? Ce serait prononcer la plus sévère condamnation sur notre état actuel. Mais ce sont les défenseurs de cet état qui le jugent ainsi; aucun de ses ennemis n'est allé aussi loin.

Laissons l'Europe livrée aux hommes de Manchester, tournons-nous de préférence vers les vieilles perruques et vers les réactionnaires qui ont intérêt à la vigueur des armées permanentes. Ils sont avec nous d'avis qu'il faut soigner la race, qu'il faut introduire en Europe et observer des règles pour les haras humains de façon qu'il ne devienne pas absolument impossible d'élever des soldats.

Les vieilles perruques disent : Eh bien ! oui, il faut faire des lois sur les fabriques. Les gens de l'école de Manchester gardent les enfants enfermés du matin au soir dans leurs sombres ateliers; ils les étiolent, cela ne peut pas durer. Où le roi prendrait-il des soldats? Le temps consacré obligatoirement à l'école doit être augmenté ; il faut constituer des cours de gymnastique dans toutes les écoles, des établissements de soupe dans les pauvres endroits, afin que ces pauvres êtres puissent se mettre quelque chose dans le corps lors même que les parents ne possèdent rien.

Les jours de sortie il faut que les jeunes gens aillent deux fois la semaine circuler au grand air, faire de la gymnastique et, pour répondre à nos idées, faire l'exercice, tirer à la cible, etc. On formera ainsi une masse de soldats, on pourra entretenir une armée permanente moins nombreuse, ce qui sera économique.

Qu'il survienne une guerre, en frappant du pied on fera sortir de terre une saine jeunesse; la bonne alimentation pendant la guerre, surtout si elle est heureuse, rendra ces jeunes gens plus forts et plus robustes.

Oui, nous sommes pleins d'enthousiasme pour l'éducation corporelle de la jeunesse. Quand un État est sagement organisé on doit pratiquer ces exercices dans toutes les écoles du pays et aussi au dehors. Cela va de soi. La jeunesse doit faire l'exercice avec ou sans fusil, avec et sans canons, comme il plaira. Mais à quói doit servir votre éducation militaire scientifique?

5. Oui, à quoi doit-elle servir?

Nous pouvons répondre à cette question, même au point de vue limité où nous nous sommes volontairement placés, nous le croyons du moins.

Il doit y avoir une armée permanente, mais pas trop considérable. En cas de guerre il faut la renforcer, et si l'on veut qu'il suffise de frapper la terre du pied pour en faire sortir des soldats sains de corps et exercés, nous y avons pourvu dans le plan proposé.

Aujourd'hui (1), à une époque où tout le monde en Europe est sur le qui vive, des gens de toutes sortes se complaisent encore à admettre une armée assez forte quoique limitée par le nombre. Les choses resteront-elles toujours ainsi? Supposons qu'il survienne en Europe un gros orage. Il nettoiera le ciel et donnera la

---

1) Le *Traité sur les milices* a été écrit en 1867.

paix pendant quelque dix ans. Nous pouvons avoir quelque espoir d'en arriver là.

Est-ce que dans ce cas, aux yeux mêmes de ces confiantes vieilles perruques, 100,000 soldats ne seraient pas trop encore à la place des 300,000 qu'ils jugent aujourd'hui indispensables parce que le temps menace, on ne saurait le nier ? Comment et dans quel sens se fera l'apaisement ? Nous laissons de côté cette question.

6. Un dogme a été récemment établi et accepté par la foule ignorante, c'est que les officiers devaient être militaires par état. Pour 100,000 soldats, 3,000 officiers suffisent à coup sûr. A ces 100,000 soldats qu'il faut entretenir d'une façon permanente, en temps de paix, viennent s'en joindre, en cas de guerre, 600,000 levés dans le pays. Ces 600,000 hommes auront besoin d'au moins 18,000 officiers. D'après le dogme souverain, que nous citions tout à l'heure, il faudrait conserver ces officiers en activité pendant tout le temps de la paix. Mais comment faire ? Répartis à la tête des 100,000 soldats, ils s'ennuieront horriblement ; pendant de longues années de paix leur oisiveté inévitable les rendra-t-elle plus dispos et plus propres à la guerre ? Cela est au moins douteux. Parmi cette masse d'officiers sans emploi, l'avancement se ralentira, et de là un vif mécontentement de leur position qui en sera la suite inévitable et qui leur soufflera de mauvais conseils. En procédant ainsi on n'obtiendrait pas de bien bons résultats ; cependant ces milliers d'officiers causeraient une grosse dépense, elle irait sans cesse en augmentant si on voulait donner quelque satisfaction à ce corps. Pensionner un grand nombre d'officiers avant le temps normal serait une mesure nécessaire pour faire une promotion et donner de l'avancement. On se retrouverait alors en présence de l'obligation d'amé-

liorer la situation des officiers, obligation qu'on ne pourrait ni éviter ni refuser équitablement.

7. Si on entretient un petit nombre d'officiers en temps de paix, et s'il faut, en cas de guerre, augmenter leur nombre par des nominations nouvelles tout en admettant pour chaque officier le principe de l'état militaire et de l'entretien permanent, on n'a rien amélioré. Tout au contraire, une quantité de jeunes gens sont faits subitement officiers sans avoir reçu l'instruction nécessaire et sans épreuve suffisante.

Mais comme dit le poëte :

« Ces esprits que tu appelles, tu ne pourras plus les « renvoyer. »

Après la guerre, que faire de ces gens, s'ils ne veulent pas renoncer volontairement à ces situations qu'ils ont acquises?

La mauvaise situation que se sont faite à cet égard les Prussiens avec leur réorganisation n'a pas assez été mise en évidence. Elle n'apparaîtra dans toute son étendue qu'après une période de paix un peu longue. Par suite de l'énorme augmentation du nombre des officiers permanents depuis 1859, ces officiers occupent des grades très-éloignés tout en étant très-rapprochés par l'âge. L'engorgement, faible aujourd'hui, se produira de plus en plus sensible avec le temps ; il en résultera à coup sûr un mécontentement dangereux dont nous entrevoyons les heureuses suites. Quelques mesures que l'on emploie pour remédier à cette mauvaise situation facile à prévoir, elles auront des conséquences qu'il ne faut pas se dissimuler.

8. Tout bien considéré, personne ne niera qu'une nouvelle organisation ne soit très-désirable, si elle permet de n'entretenir pendant la paix, en service permanent, que le nombre d'officiers (par état) correspondant au nombre des soldats sur le pied de paix

et de pouvoir, en cas de guerre, appeler tous les officiers de réserve nécessaires à l'augmentation de l'effectif. Les hommes de la réserve sont enlevés à toutes
sortes d'occupations pour rejoindre l'armée; il en est
de même des officiers.

La guerre finie, les uns comme les autres retournent
à leur travail tranquillement et sans arrière-pensée.
Ces officiers de la réserve ont parcouru des carrières
très-diverses; ils n'auront pas les mêmes ambitions
militaires que ceux qui ont passé leur vie à s'occuper
des choses militaires. Il en résulte qu'on peut favoriser
l'avancement plus rapide de ces derniers sans exciter
aucun mécontentement, et qu'il ne sera pas non plus
nécessaire de maintenir de longues années et jusqu'au
dégoût les officiers de la réserve dans les rangs subal-
ternes. Les officiers par état, relativement en petit
nombre, ne pourront pas s'adonner à l'oisiveté, et ils
auront, même en temps de paix, la conscience d'être
des membres utiles de la grande communauté. Toutes
ces circonstances augmenteront leur aptitude; de plus,
dans les exercices militaires auxquels on appellera les
réserves, ils se trouveront en contact intime avec les
officiers de ces réserves, c'est-à-dire avec des gens sor-
tant de toutes les professions, et ils pourront reconnaître là que toutes les activités d'un peuple peuvent,
en cas de guerre, être utilisées au point de vue militaire.

9. Nous n'entrerons pas ici dans d'autres considérations. Nous ne dirons pas combien le grand nombre
d'employés et par suite d'officiers par état met en
péril la liberté, la liberté, cette mère de tout ce qu'il
y a de bon et de grand sur toutes les routes parcourues
par l'humanité. Nous nous tiendrons loin de tout ce
qu'on pourrait appeler discussion de parti, et nous
n'énoncerons ici que ce que chaque parti politique ou
social est forcé d'accorder,

10. Si on accepte les officiers de la réserve dans le sens et la proportion que nous avons indiqués, si on accepte de même une opinion, discutable sans doute mais admise aujourd'hui, que tout officier de profession doit recevoir une certaine instruction militaire, il faut néanmoins que chaque officier de la réserve prenne part à cette instruction militaire; et si on voulait accorder ici une certaine différence, encore faudrait-il qu'elle ne fût pas assez grande pour provoquer une séparation essentiellement visible et absolument nécessaire.

11. Comment donner aux officiers de la réserve l'instruction militaire nécessaire?

Il n'y a pas de question à laquelle il soit plus aisé de répondre.

Il suffit pour cela d'introduire dans les écoles civiles un enseignement militaire lié avec des exercices, des excursions militaires, ainsi que nous l'avons expliqué à propos des écoles de cadets.

Cet enseignement militaire ne serait pas créé dans toutes les écoles civiles, mais seulement dans celles d'où on doit tirer exclusivement les officiers de la réserve avec l'organisation actuelle de la société qu'il faut accepter. Ce sont les colléges, les lycées, les écoles spéciales pour l'industrie ou le commerce, enfin les écoles supérieures ou universités.

12. Il faut maintenant examiner rapidement les objections qu'on peut élever, c'est-à-dire les difficultés réelles ou prétendues qui s'opposeraient à cette réforme. On demande si les enfants dans les colléges, les jeunes gens dans les écoles supérieures doivent être encore plus chargés d'études et de travail qu'ils ne le sont aujourd'hui.

NON! Tel n'est pas notre avis. Au contraire, nous croyons que le nombre d'heures consacrées aujourd'hui aux leçons peut être notablement réduit sans ôter la place aux sciences militaires. Croit-on qu'un professeur chargé de trente heures de leçons par semaine puisse faire honnêtement son devoir ?

Est-ce que l'on ne dira pas avec nous qu'il pourrait rendre bien plus de services à ses élèves en quinze heures ? En cent heures de leçons un pauvre maître brisé de fatigue excitera moins le travail de la pensée chez ses élèves que cet autre en dix leçons, s'il a la tête libre. Nous ne croyons pas qu'il puisse y avoir de doute à cet égard.

13. Dans toute école, quel que soit son titre, il s'agit avant tout de former les esprits, d'apprendre aux enfants à penser, à agir par eux-mêmes. La partie matérielle envahit toutes les écoles, et lorsqu'en créant des sciences nouvelles on cherche à l'étendre encore, lorsqu'on ne la considère pas comme le fond qui doit fournir les éléments nécessaires à la pensée de chacun, on ne fait plus que des ânes.

Ces éléments on les trouve aussi bien dans les sciences militaires, que les jeunes intelligences saisissent même plus aisément, à notre avis. Quel droit, après tout, aurait-on de retrancher de l'éducation générale ces sciences militaires, qui, à elle seules, représentent la moitié de la vie intelligente d'un peuple ?

14. A coup sûr, on pourrait dans les collèges, les écoles spéciales (realschule) et les écoles supérieures, à partir de la quatrième année, consacrer deux à quatre heures par semaine aux sciences exclusivement militaires sans rien retrancher d'utile aux autres sciences. Supposons un jeune homme qui passe huit ans au collège ou dans des institutions analogues et trois ans à l'école supérieure (Université). D'après nos propositions, pendant huit et peut-être neuf ans, il aurait eu en moyenne trois heures d'enseignement militaire par

semaine, soit pour quarante semaines d'année scolaire mille heures d'enseignement militaire. Dans ces mille heures on peut faire aisément un cours très-complet comme celui que nous avons admis pour les écoles de cadets. La matière militaire ne sera pas accumulée dans un temps trop court qui en rend la digestion impossible. Elle est au contraire assez divisée pour être complétement assimilée.

15. Les jeunes gens qui sont au collége ou dans toute autre institution ne vont pas tous à l'Université ; beaucoup même ne font pas leurs études complètes dans le collége où ils sont entrés.

Supposons donc un écolier qui quitte le collége en seconde, il n'a reçu que quatre années d'instruction militaire, environ cinq cents leçons, et n'a par conséquent pas vu le cours complet ; il s'est familiarisé avec la tactique, la science des armes, les points principaux de la fortification ; il a reçu quelques leçons sur la conduite de la guerre et l'histoire militaire et, grâce au temps qu'il a eu pour digérer tout cela, il comprend à coup sûr les choses militaires mieux qu'un élève entré dans une école militaire de seize à dix-huit ans et qui pendant un an ou deux y est bourré de sciences militaires.

Il possédera à fond l'instruction militaire nécessaire à un officier subalterne. Il faut reconnaître que les grades militaires correspondent aux degrés de l'instruction. On trouvera proportionnellement plus d'hommes capables de s'élever aux hautes situations militaires et même aux plus élevées, parmi ceux qui sortiront des universités que parmi ceux qui se borneront à l'éducation des colléges ou qui même ne l'auront pas reçue complète.

16. Nous disons simplement : on en trouvera plus, car l'instruction ne fait pas seule le soldat, et, indé-

pendamment de cela même, tout le monde le sait, les jeunes gens, que l'heureuse position de leur famille a mis à même d'acquérir une instruction complète, ne profitent pas toujours de ces facilités, pendant que d'autres, empêchés à chaque pas par leur situation, se rendent, par leur propre énergie, capables et dignes des premiers honneurs.

17. Nous avons déjà dit que les sciences en général présentaient fréquemment des occasions d'applications militaires, et que l'emploi de ces applications donnait de la vie à leur exposition. Nous appellerons de nouveau l'attention sur ce point. Mais, dans la situation actuelle de l'Europe, il n'y a pas de mal à revenir sans cesse là-dessus.

18. Dans tous les colléges on enseigne le dessin. Mais que dessine-t-on ? Des têtes, des paysages, des animaux d'après des modèles dessinés. Est-ce que les élèves des colléges doivent être tout à la fois peintres de paysages, de portraits, d'animaux, ou d'histoire ?

A coup sûr, non.

Alors, que veut-on avec tout cela ?

Exercer l'œil et la main.

Exercer la main, cela est possible et, en tout cas, fort bon. Quant à ce qui est d'exercer l'œil, nous devons avouer que nous ne voyons pas comment on peut y arriver en copiant des traits dessinés sur une feuille de papier.

Les élèves peuvent aussi s'exercer la main en traçant le cours des fleuves, les contours des montagnes, etc. Ils peuvent en même temps s'exercer l'œil. On commence par leur donner quelques explications, par leur indiquer notamment comment on peut tracer sur le papier une représentation plane des reliefs du terrain, puis on les conduit sur un vrai terrain, et là ils peuvent essayer de reproduire ce qu'ils voient. Chaque faute devient un enseignement. Tous ces élèves ne deviendront pas des ingénieurs géographes, chose qu'aucun homme sensé ne demandera, mais chacun d'eux trouvera un profit très-net dans ces exercices de dessin.

S'il devient cultivateur, il a un intérêt, nullement scientifique, à dessiner lui-même sa propriété ou à être en état de contrôler avec intelligence le mesureur-juré préposé au cadastre. S'il se trouve en brillante position, si les bénéfices amassés par ses parents lui permettent de s'établir découpeur de coupons, il va de soi que la cote de la Bourse a de l'intérêt pour lui. Combien de fois cette cote pourra être rapidement corrigée par un garçon à peu près sain d'esprit, si ce garçon connaît un peu sa géographie et comprend la carte ! Cela est évident et bien reconnu. On apprend à lire une carte en faisant des levés de terrain. Pour celui qui touche des coupons, la chose est d'une utilité pratique, et elle est non moins utile pour celui qui doit à un moment quelconque avoir un emploi militaire.

19. Aujourd'hui dans la zoologie on décrit longuement aux élèves une masse d'animaux qu'ils n'ont jamais occasion de voir, ou qu'ils peuvent connaître suffisamment en allant les regarder dans une ménagerie ou dans un jardin zoologique. De vingt heures employées à ces leçons ne pourrait-on pas sans péril en retrancher 12, et employer ces 12 heures à donner aux élèves une description complète de la structure du cheval qu'ils voient tous les jours, à leur faire connaître ses qualités et ses défauts ? Cela ne fera aucun tort à la zoologie, mais on aura gagné une excellente préparation à maint acte de la vie pratique et en même temps à la vie militaire.

20. En botanique, à quoi sert de compter les étamines ? Nous avons connu plus d'un de ces savants fami-

liarisés avec toutes les plantes exotiques possibles, qui n'étaient pas capables· de distinguer un hêtre d'un aune, ou le seigle du blé.

21. Dans la minéralogie, au lieu de parler de cristaux, qui se sont rencontrés peut-être une seule fois dans le monde, pourquoi ne pas s'étendre davantage sur le fer et le charbon? En physique et en chimie, au lieu de toutes ces forces, ces mélanges, ces expansions, pourquoi ne pas entretenir les élèves de la force du mélange et de l'expansion du gaz provenant de la combustion de la poudre? En fait de machine, qu'on leur parle de ce qu'on appelle, dans une voiture, une roue. Tout cela ne serait pas utile pour les soldats seulement. Ce serait utile à tous, et aussi aux futurs soldats.

22. Dans les leçons de géographie, quand on a suffisamment exposé tout ce qui a rapport aux cours des fleuves, à leurs vallées, aux formes réelles des montagnes, à leurs passages, à l'état des routes dans les montagnes et les plaines, à la différence qui existe entre les frontières des pays et celles des idiomes, à leur enchevêtrement et à mille autres sujets analogues, démonstrations qui portent vers l'histoire l'esprit des élèves, n'est-ce pas bien tout ce qui intéresse chacun de nous dans la géographie?

Des siècles nous ont amenés à des idées si étroites que, ce qui est simplement la description du globe, la véritable géographie, n'est plus appelé que géographie militaire et réclamée à ce titre.

Il est temps de faire cesser ces contre-sens.

23. L'éducation corporelle ne peut pas être négligée dans les écoles supérieures. Théoriquement, tout le monde le reconnaît. Bien que la pratique laisse encore beaucoup à désirer à cet égard, chaque année on établit quelques gymnastiques de plus en rapport avec les colléges ou les pensions.

A la gymnastique, se lient immédiatement et tout naturellement les exercices militaires. On peut les faire aussi exactement et aussi bien dans les écoles civiles supérieures que dans les écoles de cadets, en les entremêlant de ces excursions dont nous avons parlé à propos de ces dernières.

Dans le *monde savant* on a récemment demandé que les colléges soient exercés à l'exercice de la phalange macédonienne, et cette idée a été accueillie aussitôt avec faveur.

Nous ne croyons pas que les Grecs et les Romains auraient eu l'idée de séparer les écoles et la vie réelle comme nous le faisons. La faveur qui a accueilli cette idée dans le monde savant n'a pour nous qu'un seul intérêt. Elle reconnaît que dans les colléges le temps ne manque pas pour ces exercices. Employer ce temps à exercer les élèves à la tactique militaire actuelle nous paraît plus raisonnable.

24. On opposera souvent une autre difficulté : trouver des professeurs pour les matières militaires et les exercices.

Cette difficulté ne peut se présenter qu'au début ; car au bout de quelques années, tous ceux qui deviendront professeurs dans les colléges y apporteront une éducation militaire, puisqu'ils auront passé par ces colléges et par les écoles supérieures.

Pendant la période de transition on pourra sans peine faire donner l'enseignement militaire par des officiers de l'armée permanente, d'autant que l'introduction de cet enseignement dans les écoles sera liée et coïncidera avec la réduction de l'armée permanente et de son corps d'officiers.

C'est bien là notre cas actuel ; car, il ne faut pas se le dissimuler, les mêmes motifs qui font souhaiter aux gouvernements le maintien de cadres nombreux et notamment d'un corps d'officiers considérable même en temps de paix, les déterminent à repousser l'introduction de l'instruction militaire dans les écoles civiles. On taira sagement les motifs de ces deux déterminations, et il nous semble inutile de les expliquer, car c'est le secret de la comédie.

Si par suite de circonstances quelconques un gouvernement vient à renoncer dans un sens aux idées sur lesquelles ces motifs reposent, il y renoncera dans tous les sens, tant ces choses se lient étroitement.

25. Si on entreprend une réduction notable des cadres de l'armée permanente et par suite du corps des officiers, on ne peut pas congédier purement et simplement les officiers supprimés ; cela est évident. Il faudra leur chercher un emploi. Nous en trouvons en grande partie et très-utilement la possibilité par l'introduction de l'enseignement militaire dans les écoles civiles. C'est le moyen d'adoucir et même d'éviter bien des misères pendant la période de transition.

26. La difficulté qu'il y aurait à introduire cet enseignement dans les colléges et les écoles supérieures disparaît complétement, ou plutôt ne mérite plus considération. Dans les conditions les plus défavorables, si nos hypothèses ne se réalisaient pas du tout ou ne se réalisaient que partiellement, on trouverait sans peine d'autres voies et moyens. Faisons une supposition. On veut introduire l'enseignement militaire dans les écoles civiles, mais il n'est pas question de réduire le corps des officiers. On pourrait néanmoins faire faire les leçons par des officiers pendant la période de transition, en ne les employant que pendant le semestre d'hiver. Pendant cette saison, les offfciers de toutes les armées permanentes sont très-peu occupés.

27. Nous n'avons parlé jusqu'ici que des écoles civiles supérieures, et nous avons à répondre à une

seconde question. Faut-il introduire l'enseignement militaire dans les autres écoles ? Les principes que nous avons exposés nous donnent une réponse affirmative. Il ne s'agit que de trouver le moyen pratique.

Au-dessous des écoles dont nous avons parlé se trouvent les écoles primaires ou écoles élémentaires et aussi les écoles primaires supérieures, autrement dit, écoles moyennes.

A côté des universités sont les écoles spéciales, écoles d'architecture, de commerce, d'ingénieurs, etc.

28. Nous parlerons de suite des écoles inférieures. Dans l'état actuel de la société, la masse du peuple reçoit l'instruction dans les écoles primaires. On y enseigne la lecture, l'écriture, le calcul et un peu de dessin, la connaissance du pays, de sa constitution géographique et de ses institutions, sans compter l'instruction religieuse que les enfants reçoivent ou doivent recevoir, et à laquelle on consacre plus ou moins de temps suivant les pays. La masse des simples soldats et bon nombre de sous-officiers entrent dans l'armée ayant pour tout bagage l'instruction reçue dans ces écoles primaires.

Il n'est pas nécessaire de donner dans ces écoles une instruction militaire spéciale.

Cet enseignement sera joint à celui qui apprend à connaître le pays et ses institutions. La constitution de l'armée prendra une place importante dans les institutions du pays. Il faudra expliquer aux enfants tout ce qui est nécessaire sur les divisions de l'armée, surtout sur les petits fractionnements, compagnies, bataillons, escadrons, batteries ; sur l'obligation du service militaire, sur l'accomplissement et l'étendue de ce devoir. Tout cela est aisé. Chaque enfant retrouve dans sa famille cette vie publique militaire.

29. Dans les écoles de ce degré les exercices corpo-

rels ont une importance capitale. L'idée qu'ils sont de première nécessité dans les écoles élémentaires fait chaque jour son chemin. Nous avons déjà reconnu ailleurs le lien étroit de la gymnastique et de l'exercice proprement dit, nous trouvons ici la même connexité.

Dans les États où l'on a, avec raison, rendu l'instruction obligatoire, les opinions diffèrent sur un point : jusqu'à quel âge doit-elle être exigée ou même élevée?

Dans certains pays, les enfants doivent fréquenter l'école primaire de 6 à 12 ans; dans d'autres, jusqu'à 14, tandis qu'une très-grande latitude est laissée pour l'entrée. Cette dernière condition est évidemment la meilleure. De ce que nous reconnaissons la nécessité d'exercer militairement les enfants, il ne s'ensuit pas rigoureusement qu'il faille leur faire faire les exercices complets avec des fusils et même des canons, quand l'occasion s'en présente ; mais cela ne peut pas avoir d'inconvénients pour les classes les plus âgées, en supposant que la loi rende l'école obligatoire jusqu'à 14 ans accomplis.

30. Dans les pays où la fréquentation de l'école n'est obligatoire que jusqu'à 12 ans, on a bien vite senti le besoin d'une instruction complémentaire. De ce besoin, sont nées des écoles de répétitions dans lesquelles les enfants entrent au sortir de l'école élémentaire jusqu'à leur confirmation (1), et après qu'ils ont généralement choisi une profession, ordinairement jusqu'à 15 ou 16 ans. Ils y vont plusieurs fois la semaine pour ne pas oublier tout ce qu'ils ont appris.

Ces écoles de répétitions ont, à coup sûr, beaucoup d'avenir pour les classes les moins favorisées, pour les

---

(1) *Note du traducteur.* — La confirmation dans les pays protestants est donnée aux enfants de 14 ans à 16 ans.

pauvres, c'est-à-dire pour la masse de la population, quand même on retarderait la limite d'âge jusqu'à laquelle l'assiduité serait obligatoire dans les écoles élémentaires.

31. Cet avenir ne peut être brillant que si le mérite de ces écoles de répétitions ne consiste pas simplement à empêcher les enfants d'oublier la lecture, l'écriture et le calcul ; il faut avant tout qu'on pense au développement et à l'éducation progressive du corps, dont il n'a nulle part été question jusqu'ici dans ces institutions.

Un enfant de 12 ou 14 ans n'est pas encore développé, et son corps a besoin de se former. Quand il sort de l'école primaire, il trouve de plus heureuses conditions de développement s'il devient agriculteur, de moins bonnes s'il apprend un métier ou s'il entre dans une fabrique.

Non-seulement les industriels et les contre-maîtres, mais tout homme reconnaît les inconvénients que présente en pareil cas le développement exclusif et frappant de certains membres. Les conséquences de la négligence du corps sont moins frappantes chez les enfants qui aident, très-jeunes, aux travaux de la campagne, ou qui mènent une vie de paresse et de flâne en qualité de petits commis du dehors.

Quand on a suivi tout cela de près on est convaincu, à moins de mauvaise volonté, que les enfants des deux dernières catégories, plus heureux en apparence, ne sont pas en meilleure condition que les autres.

Pour tous les enfants et les jeunes gens, non pas seulement jusqu'à 16 ans, mais au delà même de cet âge, il faudrait établir une éducation gymnastique développant également tout le corps pour contre-balancer les conséquences de l'exercice exclusif de certains membres et de l'inaction des autres. Rien ne serait pour cela plus efficace que la gymnastique et l'exercice.

Les jeunes gens s'habituent là à agir comme partie d'un tout sans renoncer à leur individualité, car ils ont commencé à avoir conscience de leur valeur.

Les enfants plus âgés qui doivent se réunir obligatoirement plusieurs fois par semaine dans ces écoles de répétitions, doivent se familiariser avec le maniement des armes à feu et apprendre réellement à tirer. Cela ne peut pas présenter de grandes difficultés, à moins qu'on ne prétende difficile l'achat, ou mieux, la disponibilité du nombre d'armes nécessaire.

Pour les élèves de toutes les écoles sans exception et surtout pour ceux des écoles primaires, les promenades sont très-précieuses. Nous en avons déjà parlé tout au long à propos des écoles de cadets. On profite de chaque occasion pour exercer les sens des enfants, dresser leur œil à regarder et à comprendre la nature, les habituer à prendre un ordre régulier et convenable. On leur apprend ces mille petits expédients d'une valeur inappréciable dans la vie en général et en particulier dans la vie du soldat qu'ils pourront mener un jour.

33. Les écoles primaires supérieures ou moyennes, là où elles existent, par opposition aux écoles de répétitions, sont le complément des écoles primaires.

Pour les unes et les autres, les exercices seront les mêmes en raison de l'âge ; mais pour l'enseignement de la théorie militaire on peut faire ici un pas de plus. On peut jeter un coup d'œil général sur la tactique, donner le plus important des armes et de la fortification de campagne, avec moins de développement cependant que dans les colléges ou les écoles spéciales.

Selon toute vraisemblance, les élèves qui terminent leur éducation dans les écoles moyennes prendront un métier ou entreront dans le petit commerce. Plus tard, nous les retrouverons dans l'armée en grand

nombre comme sous-officiers ou employés secondaires
d'administration. Dans ces diverses positions, une certaine éducation militaire théorique leur sera de grande
utilité.

34. Les élèves des écoles spéciales supérieures,
écoles d'architecture, de commerce, polytechnique (1),
doivent être assimilés à ceux des universités. Ils ont
auparavant suivi les cours d'un collége ou d'une école
industrielle.

D'après la supposition que nous avons le droit de
faire sans nouvelle explication, ils y ont suivi un cours
général de théorie militaire.

Dans ces écoles spéciales, il est facile d'apprendre
en peu de temps et en les poussant à fond les applications militaires aux matières spéciales, architecture,
mécanique, enseignement technique de l'artillerie et
administration militaires.

Lorsque ces jeunes gens sortent de ces écoles après
avoir rempli aisément ce programme simple, l'armée
trouve en eux un personnel excellent pour faire des
officiers du génie, des ingénieurs pour l'artillerie et des
employés pour l'intendance et le commissariat.

35. Se pourrait-il qu'à cette association quelqu'un
fît l'objection suivante : Il est impossible d'utiliser
cette connexion de la vie militaire et de la vie civile,
qui s'offre tout naturellement à nous dans les écoles?

Non. Nous ne pouvons ni comprendre ni accepter
semblable prétention. Nous la combattrons à outrance
et nous espérons démontrer victorieusement qu'elle
n'est pas fondée.

36. Ce serait autre chose si on nous répondait : Nous
refusons de fusionner ces éléments civils et militaires.
Nous repoussons cette fusion aussi bien dans la vie que

---

(1) *Polytechnique* est pris dans un sens général.

dans l'école, parce qu'elle ne répond pas aux intérêts des classes gouvernantes. Nous exprimons la pensée dans toute sa crudité sans nous soucier des mille façons dont on peut l'habiller.

Nous n'avons pas d'armes contre cette volonté négative. C'est le *non possumus* de toutes les papautés contre lequel on ne peut employer que la force.

Employer le raisonnement pour combattre un *non possumus*, serait folie. Nous n'avons nulle envie de tenter une semblable épreuve. Cependant, à travers une vie de peine, nous avons éprouvé que le *non possumus*, c'est-à-dire cette assurance qui compte sur la résistance passive des masses, disparaît dans tel ou tel moment, et que le raisonnement brille alors de toutes ses clartés à sa place naturelle, là où on devait le moins espérer le rencontrer.

En avant donc, et vivement ! les moments sont comptés. Pourquoi une fois entre cent ne profiterait-on pas de l'occasion ? De semblables moments peuvent avancer de plusieurs siècles l'humanité, qui est toute préparée.

SIXIÈME PARTIE

De la formation du caractère militaire par l'école.

---

1. Dans les parties précédentes nous avons parlé de l'éducation intellectuelle et physique de la jeunesse par rapport aux applications militaires. Mais tout le savoir, toute l'intelligence, toute la force et l'adresse corporelles du soldat ne sont rien sans certaines qualités du caractère. Aussi avons-nous quelque chose à ajouter sur les moyens de former l'âme et le caractère, en un mot sur l'éducation dans son sens le plus étroit.

2. Une des premières qualités qu'on doit réclamer du soldat est la bravoure. Lorsque deux hommes entrent en lutte, celui-là va naturellement au combat avec le plus de cœur qui a conscience de la supériorité de sa force et de son adresse. Qu'il s'agisse de lutter, de boxer, de se battre à coups de sabre ou de crosse, ces conditions ne sont modifiées ni par le moment ni par l'armement.

Mais depuis que les armes à feu de toutes sortes sont entrées d'une façon prépondérante dans l'armement, le combat d'homme à homme, poitrine contre poitrine, devient sans cesse plus rare. Dans les derniers temps, les distances auxquelles les adversaires peuvent s'atteindre sont devenues plus grandes. Le plomb et le fer mortel viennent de loin à travers les airs, et aucune force, aucune adresse ne peuvent rien contre eux.

La force athlétique doit nécessairement perdre beaucoup de sa valeur.

3. Il faut que les hommes tiennent bon en restant exposés à ces traîtres projectiles tirés de loin. Il faut que malgré les dangers qui les menacent sans cesse ils agissent sans s'arrêter. Il faut donc aujourd'hui un tout autre courage, et l'homme délicat peut posséder ce genre de courage mieux que le colosse.

Qu'un véritable homme en commande mille autres, et que ces mille s'enfuient aux premières décharges, tout ce qu'il peut faire est de rester seul et de se faire tuer. Comment pourrait-il à lui seul arrêter les mille dans leur fuite ? Mais en se faisant tuer il n'a rien gagné pour le but de la guerre, il n'a produit aucun résultat utile, et c'est pourtant à cela que doivent tendre tous ses efforts.

Comment donner aux masses militaires le courage de s'arrêter sous le feu, de tenir ferme, de marcher en avant ?

4. Le soldat actuel, le soldat de la tactique globulaire, comme l'appelle Berenhorst (1), pour tenir et pour agir, a besoin du sentiment de sa supériorité sur l'ennemi.

---

(1) Berenhorst, ancien officier prussien, qui prit part à la guerre de Sept ans sous Frédéric II. A la fin du siècle dernier, sous l'influence des faits militaires de la Révolution française, il publia un traité très-intéressant sur l'art de la guerre.

Mais c'est des forces intellectuelles qu'il peut tirer la conscience de cette supériorité.

Il sait qu'il a un meilleur fusil que l'adversaire, il tire plus vite avec son arme, elle porte plus juste, ou la probabilité de sa justesse de tir est plus grande. Individuellement tout cela lui sert de peu. Si brillante que soit sa conduite, il peut être tué par l'adversaire mal armé.

On voit de suite que le courage du soldat au feu ne peut pas reposer sur des qualités personnelles comme dans le combat à armes blanches; il résulte des qualités collectives de l'armée entière. Le soldat d'aujourd'hui ne peut plus compter sur ses propres armes, il faut qu'il pense à celles de l'armée entière. Il doit faire le sacrifice de lui-même et supposer néanmoins que son armée remportera la victoire. Cela prouve bien qu'aujourd'hui le courage du soldat a besoin de reposer sur une certaine abstraction dont il ne sera capable que par un certain degré d'instruction.

A l'occasion de la guerre de 1866, le vieux général Jomini a dit là-dessus bien des sottises; on ne peut les expliquer, en tenant compte de son âge, que parce qu'il n'a jamais été en contact intime avec le soldat. On ne peut pas avoir une haute idée des officiers qui s'en sont rapportés et référés aux opinions de Jomini, car il est impossible de leur accorder la même excuse qu'au vieux général russe, à ce Vaudois qui a enseigné l'art de la guerre à Saint-Pétersbourg; ils ont aveuglément obéi à un respect universel pour une grande intelligence militaire.

5. Si nous voulons nous représenter le soldat comme un citoyen ayant conscience de lui-même, la chose n'est possible qu'à la condition de lui attribuer cette conscience collectivement. Et alors de ce que le soldat est en même temps citoyen, il pourra en résulter un courage plus élevé.

Que se dit-il à lui-même?

Je puis succomber; mais si notre armée demeure victorieuse, notre pays aussi sera victorieux et triomphera.

Tel est le raisonnement que chaque homme doit se tenir dans les plus grands dangers. Il l'aide à regarder la mort en face d'un œil tranquille, lorsque, citoyen sous les armes, il entre dans la carrière pour défendre son pays. Pour faire ce raisonnement, il faut un degré d'instruction que tout homme peut posséder aisément sans que la lecture ou l'écriture lui soient familières. Mais cela suppose tout d'abord une instruction nationale.

6. Pourquoi un pays doit-il se maintenir debout, au premier rang, maître de lui-même? Comment le soldat en se présentant au combat est-il amené à former ce vœu? Pour que ce vœu soit possible, il faut évidemment que le pays pour lequel il combat présente quelques avantages supérieurs à ceux qui touchent l'individu isolé, quelque chose d'utile et de profitable pour la famille, la communauté, et qui survive à la mort de l'individu. Mais, pour cela, l'homme qui doit puiser dans ces idées le courage de braver la mort a besoin de comprendre la réalité de ces avantages. Plus il verra loin, plus vite il découvrira ces avantages pour lesquels il expose sa vie. L'homme le mieux doué ne peut acquérir cette vue de l'avenir que par l'éducation et l'instruction.

Si les Etats-Unis de l'Amérique avaient été habités par de vrais Botocudes en fait d'instruction, comment auraient-ils songé à rassembler une armée pour défendre l'union et, en partie, pour détruire l'esclavage?

7. Le gain de chaque peuple dans toutes les branches a été amassé peu à peu, jour par jour, c'est une vérité

historique. Qui pourrait la connaître? Qui pourrait garantir sa valeur sans savoir l'histoire?

Dans les pays où l'on cultive respectueusement les grands souvenirs historiques, où la jeunesse apprend à avoir conscience d'elle-même par la vie commune et tout particulièrement dans les écoles, il est bien certain qu'on travaille à préparer par ce moyen de braves soldats pour l'armée.

8. Les grands pays se divisent en provinces, les grandes nations nous montrent par provinces des différences de mœurs et d'habitude.

Partout où deux hommes vivent côte à côte, naît une rivalité qui trouve sa plus belle expression dans le désir de devancer son voisin dans le bien.

Plus l'instruction est élevée, plus cette rivalité est raffinée, plus elle s'élève, plus elle se révèle sous la forme d'un orgueil qui méprise tout ce qui est vil.

Cet orgueil sera d'autant plus beau et plus utile pour le soldat qu'il repose sur des bases plus solides, autrement dit, que le soldat aura la conviction de se battre pour un sujet qui en vaut la peine.

Le citoyen libre d'une république grecque se sentait souverain de l'Etat dans lequel il était né. Il combattait avec les dieux qui devaient bénir sa cause pour lui-même, comme partie intégrante du souverain, pour sa famille, comme partie intégrante de la patrie.

C'était tout différent pour l'esclave perse qui se battait avec Dieu pour le roi et la patrie; à ses yeux, Dieu était le dieu du roi; le roi, le possesseur d'esclaves, et la patrie, le domaine du roi.

9. L'homme instruit comprend mieux que l'ignorant la honte de faiblir pendant le combat. L'un a plus d'empire sur lui-même par la réflexion que l'autre par l'instinct naturel. Rien n'est plus naturel et plus spontané que la fuite devant le danger lorsqu'on ne voit,

selon toute prévision, aucun moyen de le surmonter. La vue de la nécessité où l'on se trouve de faire face à ce danger malgré l'impuissance de l'isolement, le sentiment de l'honneur, la fierté et enfin même la réflexion qu'on essaierait en vain de fuir le péril, doivent alors entrer en ligne et déterminer à tenir ferme.

Cette réflexion est puissamment aidée, par exemple, par la certitude de laisser derrière soi des canons qui enverraient aux fuyards une mort certaine. Supposons que ce moyen doive toujours être efficace, ce qui n'est pas évidemment le cas, chacun désirera qu'il puisse paraître superflu.

10. Si l'ambition est un des plus puissants aiguillons du courage qui pousse chaque individu à faire mieux que ses égaux, elle agit aussi énergiquement sur les foules. Dans le même peuple une branche voudra devancer l'autre, dans la même armée les régiments rivaliseront.

C'est à coup sûr une bonne chose que de composer les régiments d'après les races qui ont leurs souvenirs historiques et à cause d'eux veulent se distinguer. Il est convenable de composer l'armée conformément aux divisions du territoire, surtout dans un temps où les armées sont nationales et où les éléments changent promptement par suite d'un temps de service forcément court. Donner aux régiments des noms de province est le seul procédé convenable aujourd'hui ; mais il ne peut être utile que si les noms de province ne sont pas un mensonge, si les régiments tirent réellement leurs noms des provinces ou des circonscriptions dont ils portent le nom. Il ne peut même être utile que si le soldat comprend que son pays se divise en provinces, et que ces provinces ont une vie historique propre. Encore une fois nous ne pouvons pas nous souhaiter une armée de Botocudes.

11. Les qualités du soldat doivent se retrouver chez les chefs de toutes classes et de tout grade d'autant plus complètes qu'ils sont plus haut placés. C'est encore exiger peu. Mais examinons les choses de plus près, car les généralités ne servent qu'à transformer le bon sens en déraison.

Examinons le courage de l'officier, du chef, par rapport à celui du soldat.

Nous voyons d'abord que l'officier doit recueillir de son passé militaire des avantages supérieurs à ceux du soldat, et que par suite on est en droit d'exiger de lui, en toutes choses, des services plus grands.

Mais nous attribuons une certaine valeur à ce fait que, dans les conditions sociales actuelles, l'officier sort généralement de classes qui, par rapport à l'instruction et à ce qui y conduit, possèdent des avantages incontestables, si on les compare aux autres classes d'où les soldats sortent généralement.

Dans l'état présent on peut évidemment attendre et exiger de l'officier plus de courage personnel que du soldat, par cela même qu'aujourd'hui le courage personnel repose sur une abstraction qui implique nécessairement un certain degré d'instruction.

12. Maintenant l'officier doit sans aucun doute donner à ses soldats l'exemple de la bravoure, et il doit les entraîner en avant ; de là, pour lui, une condition et des devoirs nouveaux.

Supposons qu'un officier ne tienne pas à la vie, qu'un tempérament de feu le précipite involontairement au milieu du danger. Parce qu'il pousse toujours en avant, qu'il lance ses hommes dans des entreprises insensées, aura-t-il fait son devoir ? Aura-t-il rempli sa mission ?

Non. Comme chef, il répond de la troupe qu'il commande, il a une responsabilité par rapport à l'accomplissement de la tâche générale. Avec les hommes sous ses ordres, il doit concourir à l'exécution d'un plan général.

Dans le combat, après le triomphe de son parti, l'homme isolé n'a plus à se soucier que de sa personne et peut se laisser entraîner sur le chemin de la bravoure par la témérité la plus insensée. Cela n'est pas permis au chef qui est responsable de l'emploi utile d'une troupe.

Il est absolument indispensable que le sang-froid et le jugement accompagnent le courage tranquille et naturel.

13. On peut rassembler dans les formules suivantes les réflexions qu'un chef doit s'approprier et qui, après une courte expérience, doivent faire inséparablement corps avec son esprit :

1° Plus je mène d'hommes à la mort, moins il en survivra pour accomplir plus tard le reste de la tâche. Plus il en tombera dans ce combat, moins il en survivra pour les combats à venir ;

2° Si mes hommes ne sont pas tués, mais s'ils se laissent honteusement prendre ou s'ils se croient prisonniers, la perte sera pour mon parti doublement nuisible et douloureuse. Je dois chercher par tous les moyens à éviter ce résultat ;

3° Il peut se présenter des cas où il faut de toute nécessité marcher simplement en avant sans réfléchir aux pertes possibles. Plus de semblables circonstances peuvent se présenter fréquemment, plus je dois éviter de réclamer de mes soldats une marche en avant quand elle n'est pas nécessaire. Plus mes soldats verront que j'évite toutes les pertes possibles, que dans les circonstances les plus difficiles je cherche encore les moyens de diminuer ces pertes sans nuire au but proposé, plus ils auront de confiance en moi, plus ils me suivront volontiers et sans effort s'il arrivait qu'il fallût mettre de côté le soin de ma propre troupe.

14. On voit maintenant comment le juste courage de l'officier doit être tempéré par la conscience de sa responsabilité par en haut et par en bas. Chaque officier a cette double responsabilité. Le commandant en chef lui-même est responsable envers ce qui est au-dessus de lui, son gouvernement, son pays, sa cause, la cause de l'humanité.

Bien que cela dénotât une très-faible aptitude militaire, si un officier rejetait semblables responsabilités; si, sans égard pour elles, il agissait en obéissant à son seul tempérament ou à des motifs égoïstes en vue de tel ou tel avantage personnel, matériel ou imaginaire, sa faute ne serait pas moindre que s'il était trop faible pour oser prendre sur lui la responsabilité qui lui incombe dans un cas pressant.

15. La véritable grandeur du chef se révèle toujours dans les cas où il porte vigoureusement sur ses épaules le poids d'une grave responsabilité, où il ose après réflexion, après examen, après avoir fait pour la réussite tout ce qui dépend de lui. Dans de semblables moments nous reconnaissons s'il possède la force de caractère qui convient à un capitaine.

Il faut oser à la guerre. Sans doute, un malheur immérité peut toujours suivre les meilleurs plans et la meilleure exécution. C'est possible. Il faut bien le reconnaître plutôt dans les détails que dans l'ensemble. Il n'y a pas de compagnies d'assurances garantissant la victoire ou assurant contre les défaites. Mais on doit bien voir maintenant comment une bonne instruction doit donner le moyen de prendre la meilleure détermination quand il s'agit d'oser quelque chose.

Lorsque nous avons pesé toutes les circonstances, elle nous enseigne à porter tranquillement une lourde responsabilité, à acquérir la conviction d'avoir fait au mieux pour la réussite, à supporter résolûment les revers, de telle façon, que leurs conséquences fassent le moins de tort possible à l'ensemble.

Savoir, c'est posséder cette instruction judicieuse et vivante, qui peut seule tempérer utilement le courage du militaire.

16. Tournons-nous ici du côté de l'histoire. Elle nous fournira des exemples divers. Elle nous montrera des hommes qui ont osé et qui ont été victorieux; d'autres qui ont osé et qui ont succombé. Elle nous montrera des hommes que leurs contemporains ont condamnés, ont flétris pour d'audacieuses tentatives que le succès n'a pas couronnées, tandis que la postérité plus clairvoyante leur a donné des couronnes à la vue des résultats.

Nous jugeons d'autant plus justement l'histoire, qu'elle se rapporte à des temps plus loin de nous. Cela est bien certain. L'histoire ancienne se présente libre de tout préjugé à la jeunesse; nous ne parlons pas de celle qui vient de mettre ses premières culottes. Elle commande une admiration naïve pour les hommes qui ont vécu, qui sont morts pour leurs concitoyens, pour leur patrie, qui ont su vivre et mourir où et comme c'était le mieux.

17. Nous vivons aujourd'hui dans une époque malheureuse qui ne se prête guère à l'emploi des nobles mobiles développés par l'histoire ancienne. Celui qui connaît, même superficiellement, l'histoire de la Révolution française, sait l'influence immense que les tableaux de l'antiquité classique ont eue sur les hommes marquants.

Le XVIIIe siècle s'est approprié ces tableaux sans en être empêché par les gouvernements absolus. Les partis révolutionnaires tombèrent sur le XVIIIe siècle, ayant en tête leur république, comme si elle se justifiait elle-même. Les légitimistes les combattirent en se faisant de la légitimité un bouclier contre cette folie incompréhensible. On n'a pas suffisamment examiné ce qui rendait possible cette lutte naïve. Les prétendus hommes de science n'y ont point fait attention. C'est qu'au XVIIIe siècle le prolétariat a aussi peu élevé la voix que l'esclavage dans l'antiquité. La bourgeoisie prit en masse la défense du prolétariat, qui, naturellement, devint son instrument.

18. L'affranchissement de l'individu fut promulgué au XVIIIe siècle d'abord en théorie, et bientôt après, avec la Révolution française et ses suites immédiates, il fut en partie transporté dans la réalité. Mais il apportait avec lui une complication nouvelle et capitale, qui a fait disparaître la naïve rivalité des partis.

19. Nous autres, vieillards, nous regardons aujourd'hui avec stupéfaction ces jeunes gens de 15 à 20 ans, qui parlent si sensément de tout, qui savent tout. Leur cravate blanche, au physique et au moral, les fait ressembler à de petits Geheimrath (conseillers privés) de naissance. Si nous ne nous rappelions pas de suite qui ils sont, il nous faudrait peut-être admirer le progrès de la civilisation dans ces fantoches ultra-sérieux qui sourient avec pitié à tout idéal.

Regardons les choses de plus près. Ce qu'il y a d'effroyablement creux et vide dans cette jeunesse nous sautera aux yeux, et nous serons saisis d'un mépris profond que beaucoup d'entre nous laisseront tomber individuellement sur chacun de ces petits-maîtres. Il y en a malheureusement de fâcheux exemples.

20. C'est une injustice. L'heureux temps où le plus humble boutiquier aurait eu honte d'afficher hautement un étroit et égoïste matérialisme, où le plus petit commerçant était fier d'admettre un bien idéal et de le

faire sien, cet heureux temps est mort ; les jeunes gens qui ont aujourd'hui de 20 à 35 ans ne l'ont pas connu.

Dans ces circonstances, il ne serait pas aussi irrationnel que le pensent certaines personnes de croire que les institutions ou écoles de cadets puissent instruire les jeunes gens appartenant aux classes dites éclairées plus simplement et plus sérieusement que les écoles civiles du même degré, gymnases, écoles industrielles, ou pratiques (realschule). Mais ces conditions actuelles, qui n'ont rien de flatteur pour notre civilisation présente, seront avouées de peu de personnes. Aussi nous semble-t-il que pour modifier et améliorer l'état de choses actuel, il ne serait ni impossible ni sans utilité d'introduire dans les écoles secondaires l'instruction militaire, les exercices militaires de toutes sortes, un uniforme simple, mais commode, qui exclut toutes les fantaisies du luxe.

21. Le noble spectacle de la vie des grands hommes de l'antiquité ne manquera jamais d'exercer une influence sensible sur la jeunesse qu'on élève. Mais il ne faut cependant pas oublier que cette influence peut être affaiblie par les conditions dominantes de notre époque.

22. Nous pouvons, sans plus, admettre ce point. Le courage, en tant qu'il n'est pas simplement affaire de tempérament, peut être éveillé et développé par l'instruction, de toutes les façons et à tous les âges, par la connaissance de l'histoire générale et l'exemple d'un héroïsme utile, décisif et couronné de lauriers, par la connaissance de l'histoire de la patrie et de ses institutions, pourvu qu'elles indiquent une grandeur et présentent des avantages dignes d'être défendus au prix de tous les sacrifices, même au prix de la vie.

Si cette grandeur, ces avantages sont universellement reconnus et incontestables, ils ne se réduisent pas à des maximes imaginaires, à des formules d'éducation qui s'évanouissent au premier examen. Le but de l'éducation, tel que nous l'avons indiqué, sera atteint d'une façon d'autant plus sûre et plus durable parce qu'elle reposera alors sur l'unique base de toutes les sciences, la vérité.

23. Pour cette forme de courage qu'on ne peut réclamer que des chefs les plus élevés, l'instruction militaire, dans son sens étroit, est encore une base indispensable. Elle complète, prépare et supplée partiellement l'expérience en montrant clairement la vraie nature de la guerre, la nécessité d'une saine résolution, l'étendue de la responsabilité. On peut dire qu'elle *enseigne* réellement le courage le plus élevé qui convient aux chefs.

24. Une autre vertu du soldat, celle qui comprend en réalité toutes celles qu'on doit exiger de lui, c'est un sentiment du devoir très-développé. D'habitude on le réduit à l'obéissance ; ce n'est pas exact, car si le sentiment du devoir se traduit et se révèle par l'obéissance, il n'y est pas contenu tout entier.

L'obéissance passive est un plus grand malheur encore. Elle est rarement suffisante. La morale du soldat repose principalement sur cette idée qu'il se considère comme une partie de l'ensemble ; dans le commandement comme dans l'obéissance, il sent le bien, l'avantage du tout de l'armée.

Cette morale se distingue ainsi essentiellement de la morale du commerce, tout au moins de celle qui s'est développée récemment, morale d'un effroyable égoïsme qui ne répugne à aucun moyen. Le sentiment de l'individu et de son argent ne peuvent jamais être la morale du soldat.

25. L'obéissance que le soldat, du premier au dernier, rend à tout ordre, repose sur la nécessité de la commune action de tous en vue d'un même but, et par

suite de la conduite de chaque individu, dans la direction indiquée à tous impliquant le sacrifice de tout avantage personnel. Si l'obéissance militaire devait être passive, comme on le dit, elle ne répondrait pas du tout aux exigences indiquées tout à l'heure. Chaque soldat ne doit pas seulement s'efforcer d'accomplir l'ordre reçu, il doit faire pour le mieux, il doit, si possible, faire plus qu'on ne lui a demandé. Combien n'y a-t-il pas à la guerre d'occasions où l'on pourrait donner des preuves absolues d'obéissance passive, sans cependant obéir réellement, si l'on considère le but que l'ordre se proposait !

26. La ponctualité dans l'obéissance a ses degrés, ses nuances, ses catégories. Règle générale, elle est indispensable, comme on le reconnaît sans peine si on veut réfléchir que les meilleures combinaisons militaires échouent parce qu'un membre fait défaut dans l'harmonie des forces, du temps ou des lieux ; peut-être est-ce par hasard, peut-être aussi par la négligence facilement évitable de ceux qui devaient agir ensemble.

La ponctualité dans l'obéissance est une vertu militaire qui peut, en grande partie, s'acquérir par l'habitude, et, plus basse est la position qu'un homme occupe dans la hiérarchie de l'armée, plus la simple habitude sera suffisante pour qu'il acquière la ponctualité militaire à un degré convenable. Un certain méthodisme dans le service est à cause de cela un instrument nécessaire pour toutes les choses militaires. Qu'on veuille bien réfléchir. Si un enfant a vécu dès ses premières années sous l'empire de ce méthodisme, ne croit-on pas qu'il soit supérieur à celui qui a acquis ces habitudes par la contrainte, en quelques mois, ou même quelques années, lorsqu'il est déjà plus formé par l'âge ? Que toute la jeunesse vive sous cette règle dès ses premières années, elle donnera à coup sûr une excellente armée.

27. La bonne discipline dans une école a beaucoup d'analogie avec une bonne discipline militaire. S'habituer à ses règles autant qu'on le peut dès l'école, ne peut paraître ni impraticable ni dangereux.

Mais pour que ce méthodisme soit réellement utile, il faut qu'il démontre lui-même son utilité et sa nécessité. Il est assez connu que dans les armées actuelles beaucoup de prescriptions en fait de méthode et de discipline ont été jadis reconnues utiles et nécessaires par différentes raisons émanant des circonstances ; aujourd'hui, elles ne sont évidemment ni utiles ni nécessaires ; bien plus, elles sont en opposition formelle avec nos habitudes modernes. Qui pourrait croire utile de traiter, à notre époque, une recrue prussienne comme on traitait, il y a cent ans, une recrue polonaise des provinces nouvellement gagnées par la Prusse ? En cela le détail réagit sur l'ensemble. Certains officiers tiennent mordicus à l'obéissance passive sans se rendre compte de sa signification. Loups qui hurlent avec les loups, ils s'imaginent qu'il faut habituer le soldat à exécuter les ordres même inutiles, afin qu'il suive plus aisément et plus sûrement les nécessaires.

Mais cette maxime est très-dangereuse. Quand une règle n'a pas pour appui une sage nécessité ou la conscience de l'époque, à moins qu'on ne tire la chose par les cheveux, elle court le danger de devenir ridicule surtout aux yeux de la jeunesse, non-seulement dans les écoles, mais même dans l'armée active.

Dès qu'un règlement devient ridicule, les punitions à l'aide desquelles on veut le faire respecter de force, deviennent risibles et sans effet. Sans effet et inutiles deviennent les récompenses que mérite son observation. En pareilles circonstances, les punitions excitent l'émulation dans l'indiscipline, et les récompenses font de leurs heureux possesseurs un objet de moquerie.

28. Veut-on établir une discipline rationnelle et utiliser pour l'établir ce procédé excellent, l'habitude ? Le premier principe c'est qu'on acceptera pas d'autres règlements que ceux justifiés par la saine raison. On les changera suivant les nécessités ; mais une fois adoptés et prescrits on tiendra vigoureusement la main à leur observation.

Quand Napoléon Ier disait qu'on doit changer la tactique tous les dix ans, cela revient simplement à ce que nous soutenons ici.

Il faut rejeter en temps opportun les vieux règlements surannés et les remplacer par d'autres, accommodés à l'époque.

29. Toutes ces maximes nous feront avancer aisément dans la bonne voie. Celui qui veut être obéi et veut dans l'obéissance la ponctualité répondant à ses desseins doit savoir bien commander.

Celui qui exige l'obéissance pour avoir seulement la satisfaction d'être obéi, celui-là ne sait pas commander et n'est pas digne du commandement. Bien plus, celui qui commande doit, avant de donner un ordre, réfléchir s'il est nécessaire. Rien de plus nuisible pour la discipline utile, la seule qui mérite ce nom, que la manie de commander. Moins on donne d'ordres, mieux cela vaut. Mais il faut bien évidemment voir à ce que ce peu soit nécessaire et exécutable. Des ordres inexécutables qui se succèdent gâtent la meilleure troupe ; des ordres se succédant rapidement et se contredisant la gâtent également. Ils font naître la défiance envers les chefs et inspirent une indifférence généralement justifiée, mais qui peut avoir un jour les conséquences les plus funestes.

30. Les ordres militaires doivent être aussi, autant

que possible, toujours précis, saisissants pour tous les esprits et à l'instant suivis d'exécution. Toute désobéissance doit être frappée sévèrement de toutes les punitions dont on est armé contre le coupable, si haut qu'il soit placé.

31. Ces réminiscences des principes fondamentaux de la discipline sont-elles superflues? Certainement non.

Nous voyons malheureusement chaque jour cette manie de commander et ses suites naturelles, une obéissance molle, négligente et rien moins que rigide. Souvent, c'est à peine si on lit les ordres qui arrivent. Quand il les reçoit, celui qui commande en second les jette de côté. Il a déjà son idée en tête et passe sous silence l'ordre qu'il n'a même pas lu. Quand les choses vont ainsi, on gâte les plus sages mesures militaires, mais la culpabilité en retombe sur le commandement en chef, non pas seulement parce qu'il ne tient pas la main à l'exécution des ordres, mais pour bien d'autres motifs.

Il demande rapports sur rapports ; ils sont souvent superflus ou purement frivoles, mais il s'imagine sottement tenir les chefs sous ses ordres dans une dépendance constante et absolue. Il lit rarement ces rapports, parce qu'il sait demander bien des choses inutiles ; peut-être en prendra-t-il çà et là un passablement superflu, tandis que d'autres réellement justes et instructifs resteront en tas sans être parcourus. C'est ainsi qu'on a laissé échapper les moments décisifs.

32. Cette exubérance peu sérieuse d'ordres et de rapports qui devraient se compléter sans cesse les uns les autres tuent la discipline, le commandement sérieux et cette obéissance heureuse de concourir au but suprême. Enfin, dans les sphères élevées qui deviennent de jour en jour plus indifférentes, chacun au-dessus

comme au-dessous de soi ne voit plus que la forme et ne s'inquiète plus de la réalité. L'indifférence finit par descendre dans les derniers rangs.

Quand elle vient de naître et qu'elle s'est impatronisée, l'armée se corrompt de part en part, et le plus grand génie à sa tête ne saurait plus rien en tirer.

33. Les chefs doivent toujours agir dans le sens des maximes développées ici, cela ressort de la véritable instruction militaire, elle seule peut faire passer dans la tête et dans le sang la valeur de ces principes. Le simple troupier, quelle que soit sa bonne volonté, n'agira jamais d'après eux parce qu'il ne comprend la valeur ni de l'obéissance intelligente ni du commandement raisonné.

Tout cela aboutit toujours à l'intelligence. Celui qui ne comprend pas un ordre, pourra-t-il sur cet ordre faire un commandement qui y réponde exactement ? Celui qui ne comprend pas un ordre, pourra-t-il l'exécuter ? Quelle serait la longueur insupportable d'un commandement si on ne pouvait pas supposer de l'instruction militaire chez celui auquel il s'adresse ? Quelle serait la longueur d'un ordre si l'on n'admettait pas chez celui qui doit l'exécuter la connaissance intime de la terminologie militaire ?

La vraie terminologie n'est après tout que la condensation, la synthèse de la science militaire. C'est la véritable intelligence de cette science qui seule peut créer une terminologie juste et valable pour tout le monde.

C'est ainsi que la science et l'école agissent dans les choses militaires pour former le caractère militaire, et d'un autre côté, elles donnent à l'éducation militaire et à ses résultats le caractère militaire qu'on y acquiert, le moyen d'agir activement et utilement.

———